글 / 윤상석

성균관대학교 생명과학과를 졸업하고 출판사에서 편집자로 일했습니다. 어렵고 딱딱한 과학을 어린이 독자들이 알기 쉽게 쓰고 그리는 작가로 활동 중입니다.
주요 작품으로 〈Who〉, 〈와이즈만 첨단 과학〉, 〈Why〉 시리즈, 《과학 쫌 알면 세상이 더 재밌어》, 《남극과 북극에도 식물이 있을까》, 《만화 통세계사》, 《최태성의 한능검 한국사》 등이 있으며, 사이언스타임즈의 객원 기자로 '만화로 푸는 과학 궁금증'을 연재했습니다

그림 / 박정섭

다양한 경험을 쌓다가 뒤늦게 그림 공부를 시작했습니다. 어릴 적에는 산만하다는 소리를 많이 들었습니다. 그래서 그런 줄 알고 살아왔지요. 하지만 시간이 흘러 뒤돌아보니 상상력의 크기가 산만 하단 걸 깨닫게 되었습니다. 이젠 그 상상력을 주위 사람들과 즐겁게 나누며 살고 싶습니다. 지금은 강원도 동해에서 지내고 있습니다.
그린 책으로 《검은 강아지》, 《그림책 쿠킹박스》, 《도둑을 잡아라》, 《놀자》, 《감기 걸린 물고기》, 《짝꿍》, 《싫어요 싫어요》, 《미래가 온다, 미래 식량》, 《숭민이의 일기(전10권)》 등이 있고, 쓰고 그린 시집으로 《똥시집》이 있습니다.

감수 / 정인경

과학 저술가로, 고려대학교 과학기술학 협동과정에서 박사 학위를 받고, 고려대학교 과학기술학 연구소에서 연구 교수를 지냈습니다. 지금은 연구자이며 작가로 활동하며, 한겨레 신문에 칼럼 '정인경의 과학 읽기'를 연재하고 있습니다.
지은 책으로 《내 생의 중력에 맞서》, 《모든 이의 과학사 강의》, 《통통한 과학책(전2권)》, 《과학을 읽다》, 《뉴턴의 무정한 세계》 등이 있으며, 고등학교 교과서 《과학사》를 집필했습니다.

초판 1쇄 발행 2024년 5월 30일 / 초판 3쇄 발행 2025년 6월 9일
글 윤상석 / 그림 박정섭 / 감수 정인경
펴낸이 홍석 / 이사 홍성우 / 편집부장 이정은 / 편집 오미현·조유진·노한나 / 기획·외주편집 임형진
디자인 김영주 / 외주디자인 권석연 / 마케팅 이송희 / 제작 홍보람 / 관리 최우리·정원경·조영행
펴낸곳 도서출판 풀빛 / 등록 1979년 3월 6일 제2021-000055호
제조국 대한민국 / 사용연령 8세 이상
주소 서울특별시 강서구 양천로 583 우림블루나인 A동 21층 2110호
전화 02-363-5995(영업) 02-362-8900(편집) / 팩스 070-4275-0445
전자우편 kids@pulbit.co.kr / 홈페이지 www.pulbit.co.kr
블로그 blog.naver.com/pulbitbooks / 인스타그램 instagram.com/pulbitkids

ⓒ 윤상석 박정섭 임형진, 2024
ISBN 979-11-6172-666-3 74400　979-11-6172-665-6 74080 (세트)

책값은 뒤표지에 표시되어 있습니다.
파본이나 잘못된 책은 구입하신 곳에서 바꿔드립니다.
종이에 베이거나 긁히지 않도록 조심하세요. 책 모서리가 날카로우니 던지거나 떨어뜨리지 마세요.

한 컷마다 역사가 바뀐다

한 컷 속

과학사

윤상석 글 × 박정섭 그림 × 정인경 감수

풀빛

프롤로그

'왜 물체는 땅으로 떨어질까?'

'세상 만물은 무엇으로 이루어졌을까?'

아주 오래전부터 인류는 세상이 무엇으로 만들어졌고 어떻게 움직이는지 궁금했어. 하지만 인류가 할 수 있는 일은 눈으로 관찰하고 생각하는 것뿐이었지. 그 답을 철학이나 종교에서 구할 수밖에 없었어.

세월이 지나면서 과학의 눈으로 세상을 바라보는 사람들이 하나둘 생겨났어. 과학은 세상이 움직이는 원리를 수학이나 관찰, 실험 등 누구나 공감하고 인정하는 방법으로 밝혀내지. 과학은 시간이 지날수록 점점 발전했고, 인류의 궁금증은 하나둘 풀려 갔어. 이러한 과정을 살펴보는 학문을 과학사라고 해.

과학사에는 새로운 과학 발견이나 이론이 나오기까지 노력한 과학자들의 이야기가 있어. 이 책에서는 그 이야기 중 매우 중요한 사건 60가지만을 골라냈지. 60가지 사건을 따라가다 보면, 자연스럽게 과학 이론을 알게 되고 과학의 눈으로 세상을 바라보는 힘도 기를 수도 있어.

과학사를 이끌어 온 중요한 사건들은 어떤 것이 있을까?

차례

01 (아리스토텔레스의 자연 철학) **2000년을 지배한 생각** 010

02 (아르키메데스의 부력의 원리 발견) **왕관이 순금인지 아닌지 밝히다!** 012

03 (프톨레마이오스의 알마게스트 출판) **고대 그리스 천문학의 완성** 014

04 (코페르니쿠스의 지동설 발표) **과학 혁명의 시작** 016

05 (갈릴레오 갈릴레이의 물체 낙하 실험) **아리스토텔레스의 생각은 틀렸다!** 018

06 (케플러의 법칙 발표) **행성의 움직임을 설명하다** 020

07 (윌리엄 하비의 혈액 순환설 발표) **피는 몸에서 끊임없이 돈다** 022

08 (갈릴레오 갈릴레이의 지동설 주장) **그래도 지구는 돈다!** 024

09 (토리첼리의 대기압 측정과 진공 발견) **공기가 누르는 힘은 얼마나 될까?** 026

10 (보일의 법칙 발견) **실험으로 근대 화학을 열다** 028

11 (로버트 훅의 세포 관찰) **현미경으로 보는 새로운 세계** 030

12 (뉴턴의 만유인력의 법칙) **모든 물체 사이에는 끌어당기는 힘이 있다** 032

13 (뉴턴의 이중 프리즘 실험) **빛의 실체에 다가서다** 034

14 (레이우엔훅의 미생물 관찰) **맨눈으로 볼 수 없는 미지의 생물 발견** 036

15 (핼리 혜성의 발견) **혜성에도 주기가 있다!** 038

| 16 | 린네의 《자연의 체계》 발표 | **체계적인 생물 분류 방법의 탄생** 040
| 17 | 조지프 블랙의 이산화 탄소 발견 | **물질 내부에 박혀 있던 공기를 발견하다** 042
| 18 | 헨리 캐번디시의 수소 발견 | **불에 활활 타오르는 새로운 공기 발견** 044
| 19 | 조지프 프리스틀리의 산소 발견 | **생쥐를 살린 순수한 공기의 정체는?** 046
| 20 | 허셜의 태양계 운동 발견 | **태양은 은하 속 움직이는 별에 불과하다** 048
| 21 | 라부아지에의 《화학 원론》 발표 | **화학이 과학의 한 분야로 자리잡다** 050
| 22 | 볼타의 화학 작용으로 만든 전류 | **금속만으로 만들어 낸 전기의 흐름** 052
| 23 | 톰프슨의 마찰에 의한 열 실험 | **열은 운동과 관련 있다** 054
| 24 | 빛의 파동성을 증명한 토머스 영 | **빛은 입자일까, 파동일까?** 056
| 25 | 돌턴의 원자설 | **물질을 이루는 작은 알갱이, 원자** 058
| 26 | 아보가드로의 분자설 | **근대 화학의 기초를 세운 분자설** 060
| 27 | 한스 외르스테드의 전자기학 시작 | **전류는 자기장을 만든다** 062
| 28 | 뵐러의 유기물 합성 실험 | **유기물은 생물체만이 만드는 물질일까?** 064
| 29 | 패러데이의 전자기 유도 법칙 발견 | **자석이 움직이면 전기가 흐른다** 066
| 30 | 줄의 에너지 보존의 법칙 | **에너지는 사라지지 않는다, 다만 모습을 바꿀 뿐!** 068

(31) (윌리엄 톰슨의 열역학 제2법칙과 절대 온도) **열의 정체는 뭘까?** 070

(32) (다윈의 진화론) **자연은 환경에 더 적응한 생물을 선택한다** 072

(33) (파스퇴르의 생물 속생설) **생물은 저절로 생겨나지 않는다** 074

(34) (맥스웰의 전자기파 이론) **자기장과 전기장이 만들어 내는 전자기파** 076

(35) (멘델의 유전 법칙) **유전에 대한 최초의 과학적인 연구** 078

(36) (멘델레예프의 원소 주기율표) **원소들 사이에서 규칙을 찾아내다** 080

(37) (코흐의 탄저균 발견과 코흐 원칙) **미생물이 질병을 일으킨다** 082

(38) (헤르츠의 전자기파 발견) **방전 불꽃으로 전자기파를 발견하다** 084

(39) (염색체의 역할을 알아낸 바이스만) **염색체에는 유전과 관련된 뭔가 있다** 086

(40) (뢴트겐의 X선 발견) **보이지 않는 무엇인가 두꺼운 종이를 통과했다** 088

(41) (베크렐의 방사선 발견) **어떤 특별한 물질에서 방출된 빛 에너지, 방사선** 090

(42) (조지프 존 톰슨의 전자 발견) **원자에서 떨어져 나온 입자의 정체는?** 092

(43) (이바노프스키와 베이에링크의 바이러스 발견) **세균 여과기 필터 구멍보다 작은 미생물** 094

(44) (막스 플랑크의 양자 가설) **원자 세계의 물리학인 양자 물리학의 시작** 096

(45) (아인슈타인의 특수 상대성 이론) **빠르게 움직이는 물체의 1초와 정지한 물체의 1초는 다르다** 098

46 (러더퍼드의 원자핵 발견) **원자 내부는 어떻게 생겼을까?** 100

47 (닐스 보어의 원자 모형) **전자들이 도는 궤도는 각각 다른 에너지를 갖는다** 102

48 (베게너의 대륙 이동설) **대륙은 원래 하나만 있었다** 104

49 (토머스 모건의 유전자 지도) **염색체 위에 유전자 지도를 만들다** 106

50 (아인슈타인 일반 상대성 이론) **휘어진 시공간이 중력을 만든다** 108

51 (하이젠베르크의 불확정성 원리) **양자 물리학에서는 위치와 운동량을 동시에 알 수는 없다** 110

52 (허블의 법칙) **우주는 팽창하고 있다** 112

53 (칼 앤더슨의 양전자 발견) **양전하를 띤 전자를 발견하다** 114

54 (채드윅의 중성자 발견) **원자핵에는 양성자 외에 다른 입자가 있다** 116

55 (DNA가 유전 물질임을 밝힌 에이버리) **유전 물질의 정체가 드러나다** 118

56 (왓슨과 크릭의 DNA 이중 나선 구조 발견) **드디어 DNA의 구조를 밝혀내다** 120

57 (빅뱅 이론을 뒷받침하는 우주 배경 복사의 발견) **빅뱅의 흔적을 발견하다** 122

58 (양성자와 중성자의 구성 입자인 쿼크 발견) **자연을 이루는 가장 작은 입자를 발견하다** 124

59 (블랙홀 발견) **빛조차 빠져나올 수 없는 블랙홀을 발견하다** 126

60 (인간 게놈 프로젝트) **인간의 유전 정보를 밝혀내다** 128

01 아리스토텔레스의 자연 철학

2000년을 지배한 생각

　기원전 4세기경, 고대 그리스의 철학자 아리스토텔레스는 세상이 어떤 물질로 이루어졌고, 그 물질이 어떤 운동을 하는지 설명하려 했어. ==그는 세상 만물이 물, 흙, 불, 공기로 이루어졌다는 100여 년 전 엠페도클레스의 주장을 받아들이고,== 이 네 가지 원소가 다양한 비율로 섞여서 여러 가지 물질이 생긴다고 보았지. 그리고 원소에 네 가지 성질을 붙였어. 물은 습함과 차가움, 불은 뜨거움과 건조함, 공기는 습함과 뜨거움, 흙은 차가움과 건조함을 갖는 거야. 그런데 물이 불의 뜨거운 성질을 얻으면 수증기가 되고, 흙의 성질을 가진 물은 얼음이 되지. 또 흙과 물은 무거워서 우주 중심인 지구로 향하고, 공기와 불은 가벼워서 하늘로 올라가려는 성질이 있다고 주장했어.

　고대 그리스의 자연 철학자들은 월식 때 달에 비치는 지구의 그림자를 보고 지구가 둥글다는 사실을 이미 알고 있었어. 또 하늘은 영원히 변하지 않는 제5원소 '에테르'로 이루어졌다고 생각했지. ==그런데 이 에테르는 지구의 중심을 도는 원운동을 하므로 하늘의 태양과 별도 지구 주위를 돈다고 생각했어. 이것이 바로 천동설이야.==

　이러한 생각은 고대에서부터 중세, 근대까지 약 2000년 동안 서양 사람들에게 큰 영향을 끼쳤어.

02 아르키메데스의 부력의 원리 발견
왕관이 순금인지 아닌지 밝히다!

기원전 3세기경, 시칠리아 섬에 시라쿠사라는 나라가 있었어. 이 나라 왕은 금으로 만든 왕관이 진짜 순금인지 의심스러웠지. 왕은 수학자이자 과학자인 아르키메데스를 불러, 왕관을 훼손하지 않고 순금인지 아닌지를 밝히라고 했어.

아르키메데스는 왕관의 무게를 쟀어. 그 무게는 왕관이 되기 전 금덩어리 무게와 같았지. 그는 밀도는 물질마다 다르다는 것에서 힌트를 얻었어. 밀도는 물질의 무게를 부피로 나눈 값이야. 따라서 왕관이 금덩어리와 무게가 같다면 부피도 같아야 해. 하지만 아르키메데스는 모양이 복잡한 왕관의 부피를 잴 방법을 몰라, 여러 날을 고민만 하면서 시간을 보냈지.

그러던 어느 날, 아르키메데스는 물이 가득 든 욕조에 몸을 담갔다가 욕조 밖으로 물이 넘치는 걸 보았어. 이때, 왕관의 부피를 잴 방법이 떠올랐지. 그는 벗은 채로 거리로 뛰어나가 '알았다'는 말인 '유레카'를 외쳤어. 물이 가득 든 통에 물체를 넣었을 때 흘러넘친 물의 부피가 그 물체의 부피와 같다는 원리를 발견한 거야. 이 원리를 아르키메데스의 원리 또는 부력의 원리라고 불러. 아르키메데스는 곧바로 왕관을 물이 가득 든 통에 담그고 부피를 재는 실험을 했어. 이것은 가장 유명하면서 가장 오래된 과학 실험 중 하나야.

03 프톨레마이오스의 알마게스트 출판

고대 그리스 천문학의 완성

아리스토텔레스의 천동설에는 문제가 있었어. 당시의 천문학자들은 금성과 같은 태양계 행성들이 별들과 다르게 움직인다는 걸 이미 알고 있었지. ==행성들은 움직임을 멈추거나 거꾸로 움직이는 등 불규칙하게 움직이거든.==

150년경, 알렉산드리아의 천문학자 프톨레마이오스는 이 문제를 해결하려 했어. 하지만 그는 지구를 우주의 중심에 두고 하늘이 움직이는 천동설에서 벗어나지 못했지. ==행성들이 지구와 별들 사이에서 작은 원운동을 하면서 지구 주위를 도는 큰 원운동을 한다고 생각했어.== 이것으로 행성들의 불규칙한 움직임을 설명할 수 있었지. 또 지구와 별들 사이에서 돌고 있는 천체들은 달, 수성, 금성, 태양, 화성, 목성, 토성의 순서로 돌고 있다고 생각했어.

프톨레마이오스는 고대 그리스 천문학에 자기 생각을 덧붙여 《천문학 집대성》이란 책을 세상에 내놓았어. 이 책은 아랍에 전해져 이슬람 학자들로부터 많은 지지를 받았고, 가장 위대한 책이란 뜻의 '알마게스트'로 불렸어. 15세기경, 유럽에 전해져 큰 영향을 주었지.

04 코페르니쿠스의 지동설 발표

과학 혁명의 시작

로마가 몰락한 후 고대 그리스 과학 지식은 유럽에서 자취를 감췄어. 대신 아랍의 이슬람 문명이 그 지식을 이어받아, 조금씩 유럽에 전해졌고, 이후 서양 사람들 생각에 큰 영향을 주었어. ==특히 중세 시대 기독교가 천동설을 받아들이면서, 천동설을 의심할 수 없는 사실이라고 생각했지.==

폴란드의 성직자 코페르니쿠스는 젊은 시절 르네상스의 중심지인 이탈리아 볼로냐에서 유학 생활을 했는데, 이곳에서 알마게스트를 구해 읽었어. 폴란드로 돌아와 성직자로 활동하면서도 알마게스트를 읽고 또 읽었지. 그런데 점점 천동설에 의문을 가지게 되었고, 수십 년 동안 꾸준히 하늘을 관찰, 결국 천동설이 틀렸음을 알아내고 말았어.

==지구가 태양을 중심으로 돈다는 지동설을 생각해 낸 거야.== 하지만 지동설은 당시 사람들이 받아들이기 힘든, 너무나 혁명적인 생각이라 세상에 알리는 데 주저할 수밖에 없었어.

1543년, 그가 70살이 되던 해에 제자의 도움으로 그의 학설이 담긴 책 《천체의 회전에 관하여》를 발표했지. 예상대로 책이 출간되자마자 교회와 학자들의 비판이 쏟아졌어. 1616년, 로마 교황은 아무도 읽지 못하도록 금서로 지정했어.

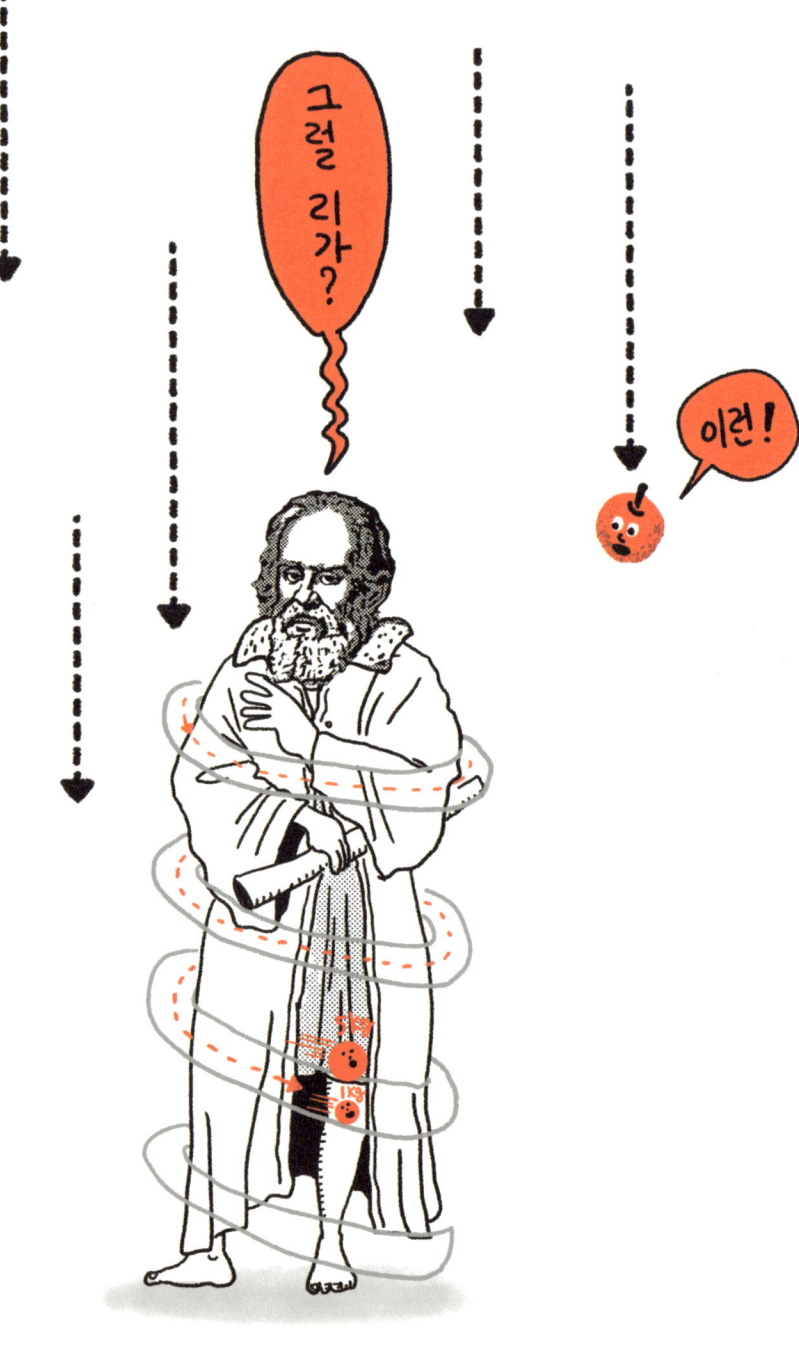

> 05　갈릴레오 갈릴레이의 물체 낙하 실험

아리스토텔레스의 생각은 틀렸다!

　아리스토텔레스는 물체가 무거울수록 땅으로 향하려는 원소인 흙과 물이 많아, 가벼운 물체보다 더 빨리 땅으로 떨어지고, 그 속도는 변하지 않는다고 생각했어. 16세기 유럽 학자들은 이 생각을 의심하지 않았지.

　16세기에서 17세기로 넘어갈 무렵, 이탈리아 파도바 대학의 교수 갈릴레오 갈릴레이는 구슬을 기울어진 면을 따라 아래로 내려보내고 구간마다 속도를 측정하는 실험을 했어. 당시는 정확한 시계가 없어서 자신의 맥박이 뛰는 횟수로 속도를 측정했지. 결과는 어땠을까? 기울기가 같다면, ==무게가 다른 구슬도 같은 속도로 내려오고, 구슬이 아래로 내려갈수록 점점 더 빨라지는 가속도가 생겼어.== 아리스토텔레스가 틀렸음을 알아낸 거지.

　훗날 이 실험을 바탕으로 또 다른 실험을 생각했어. '기울어진 면을 내려온 구슬은 마찰이 없으면 내려온 높이만큼 올라갈 수 있어. 그러면 기울어진 면을 내려온 구슬이 마찰이 없는 곳에서 수평으로 간다면 끝없이 굴러갈 거야.' ==갈릴레오는 외부에서 힘을 가하지 않는 한 물체는 정지해 있거나 계속 같은 속도로 움직이려는 관성의 법칙을 생각해 낸 거야.==

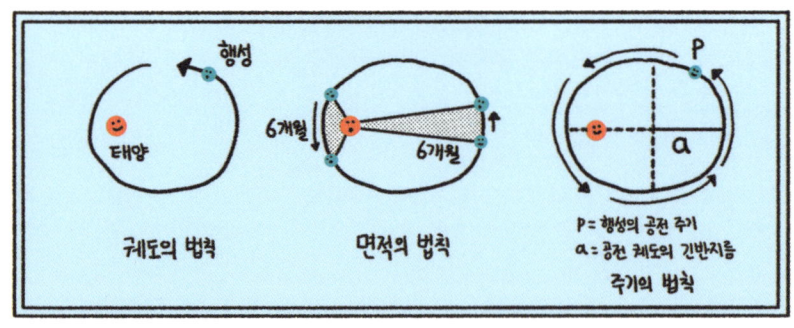

06 케플러의 법칙 발표

행성의 움직임을 설명하다

우주에 대한 사람들의 시각을 송두리째 바꿔 놓은 코페르니쿠스의 지동설이 발표되었지만, 이 지동설로는 행성들의 움직임을 제대로 설명할 수 없었어. 1609년, 행성의 움직임을 설명하는 이론이 나왔는데, 바로 케플러의 행성 운동에 관한 법칙이야.

독일의 한 대학에서 신학을 공부하던 케플러는 우연히 코페르니쿠스의 지동설을 접하고, 수학과 천문학을 연구하기 시작했어. 1600년, 덴마크의 천문학자 튀코 브라헤의 제자가 되었지. 튀코 브라헤는 망원경도 없던 시절에 매우 뛰어난 시력으로 밤하늘을 관찰하여 많은 천체 관측 자료를 만든 천체 관측의 달인이었어. 그런데 제자가 된 지 1년 만에 브라헤가 병에 걸려 세상을 떠났고, 케플러는 브라헤가 만든 방대한 천체 관측 자료를 고스란히 손에 넣었지.

케플러는 브라헤의 관측 자료를 정리하고 연구했어. ==그러면서 행성들이 태양 주위를 도는 궤도는 원이 아니라 타원이고, 행성의 공전 속도는 태양과 가까울수록 빨라지고 멀어질수록 느려진다는 사실을 밝혀냈지.== 이것이 바로 케플러의 제1법칙과 제2법칙이야. 1619년에는 행성 공전 주기의 제곱은 타원 궤도의 긴 반지름의 세제곱에 비례한다는 케플러의 제3법칙을 발표했어.

07 윌리엄 하비의 혈액 순환설 발표

피는 몸에서 끊임없이 돈다

의학에서도 과학 혁명이 시작되었어. 고대 그리스 의사인 갈레노스의 이론이 유럽 의학을 지배하고 있었는데, 그 이론이 틀렸음을 증명한 의사가 있었어. 1628년, 혈액의 순환을 발표한 윌리엄 하비야.

갈레노스는 혈액이 두 종류가 있다고 생각했어. 간에서 만들어져 정맥을 통해 온몸으로 이동하여 영양분을 전달한 후에 없어지는 혈액과 동맥을 통해 흐르며 폐에서 다른 조직으로 생명의 정기를 운반하는 혈액이야.

17세기 초, 하비는 이 이론에 의문을 품었어. 그는 심장의 용량과 맥박수를 측정하여, 심장이 시간마다 얼마나 많은 혈액을 운반하는지 알아냈거든. '이렇게 많은 혈액을 매일 간에서 새로 만드는 건 불가능해.'

==하비는 심장이 수축하여 혈액을 동맥을 통해 온몸으로 보내고, 그 혈액이 정맥을 통해 다시 심장으로 돌아온다는 혈액 순환을 생각해 냈어.== 그는 자기 팔 위쪽을 끈으로 단단히 묶었어. 그러면 피부 바로 밑에 있는 정맥의 흐름은 차단되고 피부 깊숙이 있는 동맥은 차단되지 않아. 그러자 차단된 팔 아래쪽 정맥 부위가 부풀어 올랐어. 이렇게 그는 혈액이 동맥을 지나 정맥으로 '끊임없이 돈다'는 것을 알아냈지.

> 08 갈릴레오 갈릴레이의 지동설 주장

그래도 지구는 돈다!

　천동설을 지지하는 기독교의 권위에 눌려, 사람들은 코페르니쿠스의 지동설에는 관심조차 주지 않았어. 하지만 1632년, 갈릴레오 갈릴레이는 지동설을 지지하는 《두 개의 주요 우주 체계에 관한 대화》를 출판하면서 사람들에게 많은 관심을 받게 돼.
　갈릴레오가 이 책을 쓴 동기는 1609년, 직접 만든 망원경 때문이야. 갈릴레오는 망원경으로 하늘과 은하수를 관찰하고 많은 별도 발견했어. 우연히 목성을 관찰하다가 그 주위를 도는 네 개의 위성을 발견했지.
　'목성 주위를 도는 위성처럼 지구도 태양의 주위를 도는 게 아닐까?'
　갈릴레오는 금성이 가까울 때와 멀어질 때의 크기와 모양 변화를 망원경으로 관측하면서 지동설을 더욱 확신했어. 그리고 그 책을 출판하게 된 거야.
　이런 주장은 당시 기독교에게 용납할 수 없는 도전이었어. 교황은 책의 판매를 금지하고 갈릴레오를 종교 재판에 넘겼지. 1633년, 그는 살기 위해 자신의 잘못을 인정해야 했고 죽을 때까지 집 밖을 나갈 수 없는 형벌을 받았어. 갈릴레오는 재판소를 나오면서 중얼거렸어.
　'그래도 지구는 돈다!'

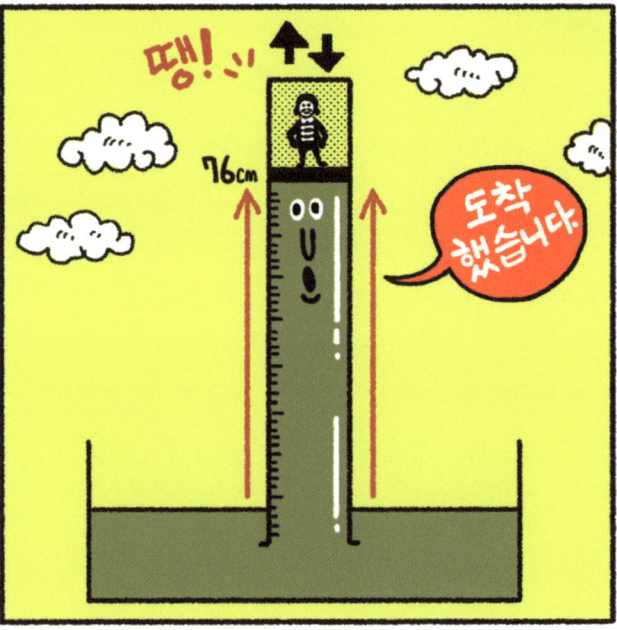

09) 토리첼리의 대기압 측정과 진공 발견

공기가 누르는 힘은 얼마나 될까?

사람들은 옛날부터 물 펌프를 이용해 지하수나 우물물을 퍼 올렸어. 물에 관을 꽂고 피스톤을 들어 올리면 관 내부에 진공이 생길 수 없기에 이곳으로 물이 채워지고, 물이 관을 따라 올라온다고 생각했지. 그들은 아무것도 없는 공간인 진공이 존재할 수 없다는 아리스토텔레스의 주장을 믿었거든. 그런데 물 펌프는 깊이 10m를 넘으면 우물물을 퍼 올리지 못했어.

토리첼리는 그 이유를 찾으려 노력했지. 1643년, 그는 우물물 위에 공기가 기둥처럼 쌓여 있고 이 공기가 물을 누른다고 믿었어. 그 누르는 힘 덕분에 펌프가 물을 올리는데, 우물 깊이가 10m 이상이면 그 힘을 넘어서기 때문에 물을 올릴 수 없다고 생각했지.

토리첼리는 유리관으로 실험을 했어. 당시에는 10m 넘는 유리관을 만들 수 없어 물보다 13.6배나 무거운 수은을 이용했어. 그러면 유리관은 1m면 됐지. 한쪽이 막힌 유리관에 수은을 가득 채운 뒤 수은이 담긴 그릇에 거꾸로 세웠어. ==유리관 속 수은은 내려오다가 76cm 지점에서 멈췄어. 그릇에 담긴 수은을 누르는 공기 힘 때문이지.== 최초로 공기가 누르는 힘인 대기압을 측정한 거야. 물이었으면 그 높이가 약 10m였을 거야. 그는 유리관 76cm 윗부분이 아무것도 없는 공간인 진공인 것도 알아냈어. 인류 최초의 발견인 거야.

보일의 법칙
Boyle's law

10 보일의 법칙 발견
실험으로 근대 화학을 열다

1659년, 영국의 과학자 로버트 보일은 진공 상태를 만드는 공기 펌프를 만들었어. 이것으로 진공 속에서 양초를 켜거나 살아 있는 개구리를 넣는 등 진공과 공기의 성질을 실험했어. 그러면서 생물체 호흡과 물질 연소에는 공기 중에 있는 어떤 성분이 꼭 필요하다는 사실을 발견했지. 공기를 압축하면 부피가 줄어드는 현상도 처음으로 발견했어.

보일은 이런 발견들을 통해 아리스토텔레스의 4원소설이 틀렸음을 알아냈어. 4원소설이 맞다면, 공기는 기본 원소이기 때문에 그 안에 여러 가지 성분이 있을 수 없고 압력을 가해도 부피가 줄 수 없거든. 그는 공기가 입자로 이루어져서 입자 사이에 있는 공간 때문에 부피가 줄었다고 생각했어. ==보일은 실험을 거듭하면서 일정한 온도에서 기체의 부피는 압력에 반비례한다는 보일의 법칙을 발견했어.==

1661년, 보일은 《회의적 화학자》라는 책을 발표, ==물질은 더 이상 분해되지 않는 원소로 이루어졌다는 원소의 개념을 주장했지. 현대적인 원소의 개념을 최초로 주장한 거야.==

그는 화학에 과학적인 실험을 처음으로 도입하기도 했어. 현대 과학자들처럼 실험을 설계하고 그 과정을 상세히 기록했거든. 사람들은 그를 근대 화학의 창시자라고 불러.

11 로버트 훅의 세포 관찰

현미경으로 보는 새로운 세계

1665년, 29세의 젊은 대학 교수 로버트 훅은 《마이크로그라피아》라는 책을 발표했어. ==그 책은 로버트 훅이 직접 만든 현미경으로 관찰한 아주 작은 세계의 모습을 담고 있어.== 읽기 쉬운 문체와 훅이 직접 그린 정밀하면서도 아름다운 그림들이 수록된 이 책은 많은 사람에게 큰 사랑을 받았어.

갈릴레오 갈릴레이가 망원경으로 우주를 관찰하여 광대한 우주에 대해 사람들의 눈을 열어 주었다면, 훅은 현미경으로 미시 세계에 대해 사람들의 눈을 열어 준 거야.

이 책에는 현미경으로 관찰한 생물의 모습, 예를 들면 깃털의 구조, 파리의 겹눈, 벼룩의 모습들과 함께 얇게 베어 낸 코르크를 확대한 그림도 실려 있어. 코르크는 참나무 겉껍질 안쪽의 두껍고 탄력 있는 조직이야. 이 그림에는 코르크가 아주 작은 여러 개의 구멍으로 나뉘어 있는데 이것은 식물의 두꺼운 세포벽이야. ==그는 자신이 관찰한 것을 라틴어로 '작은 방'을 뜻하는 '셀(cell)'로 이름 붙였어.== 우리말로 해석하면 '세포'인데, 로버트 훅은 인류 최초로 세포를 관찰한 거야.

12. 뉴턴의 만유인력의 법칙

모든 물체 사이에는 끌어당기는 힘이 있다

1666년 어느 가을날 저녁, 영국의 올즈소프라는 작은 마을에 한 젊은이가 사과나무 근처에 앉아 생각에 잠겼어. 케임브리지 대학의 학생인 아이작 뉴턴이었어. 유럽에 페스트라는 무서운 전염병이 퍼져 학교가 휴교 중이라 고향에 내려와 있던 거야.

사과나무에서 사과 하나가 떨어졌어. 그는 그 사과를 보며 생각했지.

'사과는 땅으로 떨어지는데, 왜 달은 떨어지지 않을까?'

뉴턴은 사과를 떨어뜨린 힘이 왜 달에는 작용하지 않을까 궁금했어. 사과나 달 모두 지구가 끌어당기지만, 달은 지구 주위를 돌고 있어서 떨어지지 않는다고 생각했지. 그리고 사과와 달뿐만 아니라 세상 모두에 미치는 원리를 떠올렸어. 그 원리는 모든 물체 사이에 서로 끌어당기는 힘인 중력이 작용한다는 만유인력의 법칙이야.

1687년, 뉴턴은 만유인력의 법칙을 《자연 철학의 수학적 원리》란 책에 담아 발표했어. 이것은 과학사에서 가장 중요한 사건이야. 이 책에서 만유인력의 법칙과 함께 뉴턴의 운동 3법칙인 관성의 법칙, 가속도의 법칙, 작용 반작용의 법칙을 소개하고 증명했어. 사람들은 세상이 자연의 질서와 법칙에 따라 운동함을 알게 되었고, 뉴턴은 과학사에 가장 큰 영향을 끼친 위대한 과학자가 되었어.

13 뉴턴의 이중 프리즘 실험

빛의 실체에
다가서다

아이작 뉴턴은 빛에 대한 연구도 했어. 그때는 태양 빛이 삼각 프리즘을 통과하면 무지개색을 만든다는 사실이 널리 알려져 있었어. 사람들은 태양의 흰빛이 프리즘을 통과하면서 프리즘의 불순물 때문에 성질이 바뀌어 무지개색으로 변한다고 생각했지. 뉴턴의 생각은 달랐어.

그는 두꺼운 커튼으로 햇빛을 차단하고, 커튼에 작은 구멍을 뚫어 한 줄기 빛이 나오도록 했어. 이 빛이 삼각 프리즘을 통과하자 무지개색 무늬가 나타났지. 뉴턴은 그 무늬에서 빨강, 주황, 노랑, 초록, 파랑, 남색, 보라 7가지 색깔을 구분했어. 그리고 이 무지개색 빛을, 뒤집어 놓은 삼각 프리즘에 다시 통과시켰지. 그러자 무지개색 빛은 다시 흰빛이 되어 나왔어. 뉴턴은 실험에 실험을 반복했어. 무지개색 무늬를 판자에 맞히게 하고, 판자에 구멍을 뚫어 그중 한 색깔 빛만 판자를 통과시켰어. 통과한 빛을 다시 프리즘에 통과시켰는데 더 이상 빛의 색이 바뀌지 않았지.

이 실험은 빛에 대한 최초의 과학적인 접근이었어. 실험을 통해 뉴턴은 햇빛에 여러 가지 색의 빛이 섞여 있고, 이 빛들이 프리즘을 통과할 때 색에 따라 꺾이는 정도가 달라서 무지개색으로 나뉜다는 사실을 알아냈어. 그 무지개색 빛은 더 이상 나뉠 수 없다는 것도 말이야.

14 레이우엔훅의 미생물 관찰
맨눈으로 볼 수 없는 미지의 생물 발견

1676년, 네덜란드의 직물 장사꾼 레이우엔훅은 자신이 만든 현미경으로 머리카락, 손톱, 시궁창의 물, 작은 곤충 등 주변에 있는 모든 것을 들여다보았어. 로버트 훅의 《마이크로그라피아》를 보고 크게 감명을 받은 레이우엔훅은 현미경을 만들어 미세 세계를 살펴보기 시작했고, 이것이 유일한 취미가 되었어. 사실 그는 장사하면서 늘 돋보기로 옷감을 들여다보기 때문에 렌즈에는 전문가였지. 물체를 300배나 확대해서 볼 수 있을 정도로 배율이 높은 현미경을 만들었는데, 렌즈가 하나밖에 없어 어떻게 보면 돋보기에 불과했어.

레이우엔훅은 지붕 위에서 떨어진 물을 관찰하다가 아주 작은 생물체를 발견했어. 그는 이 생명체를 '극미 동물'이라고 이름 짓고 화가의 도움을 받아 그림으로 그렸어. 그러고는 자신의 관찰 내용을 편지로 써서 영국 왕립 학회에 보냈지. 왕립 학회에서는 과학자도 아닌 장사꾼이 보낸 편지 내용을 의심했지만, 당시 왕립 학회에는 세포를 처음 발견한 로버트 훅이 있었어. 훅은 레이우엔훅이 보내온 관찰 내용이 사실임을 확인해 주었지.

그 후에도 레이우엔훅은 현미경으로 온갖 것들을 들여다보고 자신이 발견한 수많은 극미 동물을 그림으로 남겼지. 이후 과학자들은 맨눈으로 볼 수 없는 미지의 생물에 대해 흥미를 갖기 시작했어.

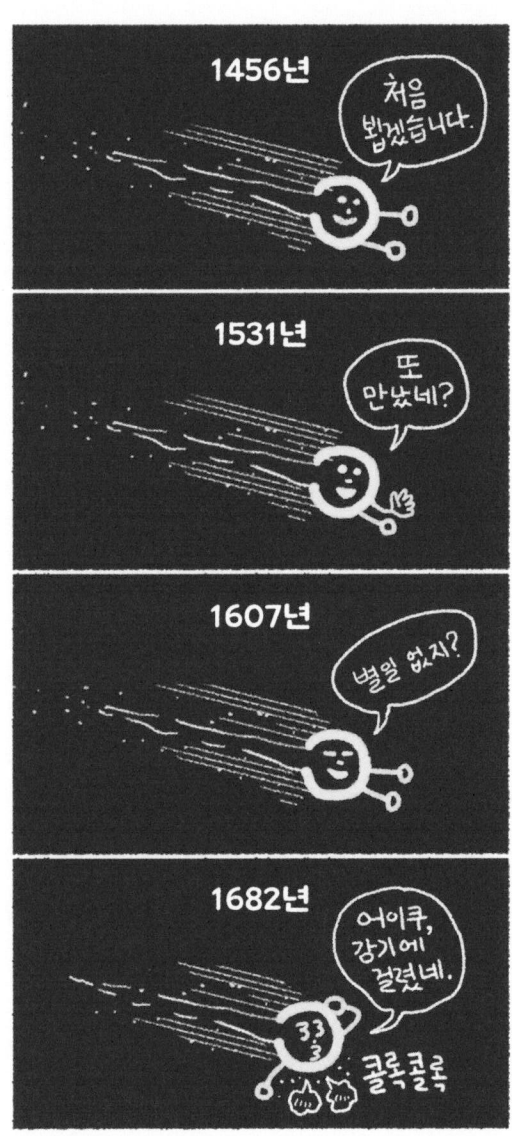

15 핼리 혜성의 발견
혜성에도 주기가 있다!

1682년 어느 날 밤, 어두운 밤하늘에 아주 밝은 혜성이 나타났어. 영국의 천문학자 에드먼드 핼리는 그 혜성을 관찰했지. 사실 혜성은 매년 몇 개씩 나타나기 때문에 그다지 특별한 게 아니었는데 이번 혜성은 좀 달랐어. 아주 아주 밝은 빛에 긴 꼬리를 가진 거야.

핼리는 그 혜성에 대해 조사하기 시작했어. 비슷한 혜성이 1456년, 1531년, 그리고 1607년에 나타났었다는 자료를 찾아냈지. 75년, 또는 76년마다 비슷한 혜성이 나타난 거야. 핼리는 그것들이 75~76년을 주기로 나타나는 같은 혜성일지도 모른다고 생각하고 궤도를 계산했어.

결국 그는 1456년, 1531년, 1607년, 그리고 1682년에 나타났던 혜성이 같은 궤도를 돌았고 이들이 같은 혜성임을 알아냈지. 혜성에도 주기가 있음을 처음으로 밝혀낸 거야.

핼리는 1758년에 '그 혜성'이 다시 나타날 것이라고 예언했지만, 1742년에 세상을 떠나고 말았어. 그의 말처럼 1758년 크리스마스 날 밤에 그 혜성이 다시 나타났지. 그때부터 사람들은 그 혜성을 핼리 혜성이라고 불렀어.

16 린네의 《자연의 체계》 발표

체계적인 생물 분류 방법의 탄생

생물의 종류를 비슷한 점과 다른 점에 따라 정리하고 무리 짓는 일을 분류라고 해. 기록에 의하면 처음으로 생물을 분류한 사람은 아리스토텔레스였어. 그는 생물의 체계적인 관찰과 분류에 관한 최초의 기록을 남겼고, 동물을 붉은색 피가 있는 동물과 그렇지 않은 동물로 나누기도 했지.

1735년, 아주 체계적인 생물 분류 방법이 발표되었어. 스웨덴의 식물학자 린네는 《자연의 체계》라는 책에서 총 7,700종의 식물과 4,400종의 동물을 분류했어. 그는 생물을 계, 강, 목, 속, 종으로 나누었는데, 가장 넓은 범위는 '계'로 식물계와 동물계가 있지. 가장 작은 범위는 '종'으로 생물 분류의 기본 단위이고, 가장 비슷한 특성을 가진 생물 무리라고 할 수 있어. 생물을 큰 특징에서 시작해 세부적인 특징으로 나눈 거야. 우리가 사용하는 주소 체계, '대한민국 ○○시 ○○구 ○○동 ○○번지'처럼 넓은 범위에서 시작해서 아래로 내려갈수록 점점 잘게 나누어져.

린네가 세운 생물 분류 체계는 오늘날에까지 이어지고 있어. 오늘날에는 '문'과 '과'가 첨가되어 계, 문, 강, 목, 과, 속, 종으로 생물 분류 단계가 늘었지만, 기본 체계는 큰 변화가 없어.

17 조지프 블랙의 이산화 탄소 발견

물질 내부에 박혀 있던 공기를 발견하다

1754년, 영국의 화학자 조지프 블랙은 신장 결석 치료약을 개발 중이었어. 그는 약의 재료로 쓰기 위해 탄산 마그네슘에 대한 실험을 반복했고, 결국 탄산 마그네슘을 높은 열로 가열했을 때 무게가 미세하게 줄어드는 현상을 발견했지. 블랙은 그 이유가 궁금했어.

'실험 과정에서 공기가 밖으로 빠져나가서 무게가 줄어든 게 분명해.'

당시 과학자들은 기체를 공기라고 불렀어. 이번에는 탄산 마그네슘을 산과 반응시켰더니 물과 함께 거품이 일어났어. 거품은 액체에 둘러싸인 기체 방울이므로 기체가 나온 것을 확인한 거야. 블랙은 화학 반응으로 물질 내부에 박혀 있던 기체가 나왔다고 생각하고, 이 기체를 고정 공기라고 불렀어.

블랙은 여러 실험을 거쳐, 고정 공기가 촛불을 끌 뿐만 아니라 동물이 호흡할 때와 식품 발효 과정에서 나온다는 걸 알아냈지. 고정 공기는 바로 이산화 탄소야.

그는 고정 공기가 공기 안에 퍼져 있다는 것도 밝혀냈어. 공기가 기체 혼합물이라는 걸 밝혀 아리스토텔레스의 4원소설이 확실히 틀렸음을 증명한 셈이야. 공기 일부를 실험실에서 만들어 내면서, 공기를 신비롭게 여겼던 당시 사람들에게 큰 충격을 주었어.

18. 헨리 캐번디시의 수소 발견

불에 활활 타오르는 새로운 공기 발견

조지프 블랙이 이산화 탄소를 발견하고 얼마 지나지 않았을 때야. 영국의 화학자이자 물리학자인 헨리 캐번디시는 금속에 산을 부으면 기포가 보글보글 생기는 걸 발견했어. 캐번디시는 그 기포를 만든 기체가 무엇인지 궁금했지. 금속에 황산을 부렸을 때 나오는 기체를 모아 석회수 속에 넣었어. 이산화 탄소라면 석회수를 뿌옇게 만들텐데 아무런 변화가 없었어. 그다음, 이 기체가 든 용기 속에 촛불을 넣었지.

하지만 촛불은 꺼지기는커녕 활활 타올랐어. 캐번디시는 자신이 발견한 기체가 새로운 기체임을 깨달았지. 그는 황산이나 염산 속에 여러 가지 금속을 차례대로 넣고, 각각 발생하는 기체들을 모았어. 실험을 통해 모두 같은 성질을 가진, 같은 기체라는 것을 알아냈어.

캐번디시는 이 기체를 보통 공기와 여러 가지 비율로 섞어 불을 붙이는 실험을 했어. 그러자 불이 타는 것을 넘어 폭발을 일으킬 때도 있었어. 그는 이 기체를 '불타는 공기'라고 이름 짓고 1766년, 연구 결과를 발표했지. 이 불타는 공기가 바로 수소야.

19 조지프 프리스틀리의 산소 발견

생쥐를 살린
순수한 공기의 정체는?

    1772년, 영국의 화학자 조지프 프리스틀리는 식물과 호흡하기 좋은 공기의 관계를 알아보는 실험을 했어. 아무것도 들어가 있지 않은 밀폐 용기에 들어간 쥐는 죽었고, 살아 있는 식물이 들어가 있는 밀폐 용기에 들어간 쥐는 죽지 않았어. ==그는 살아 있는 식물이, 동물이 살아가는 데 필요한 무엇인가를 공기 중에 내놓는다는 사실을 알아냈어.== 하지만 그 정체를 알아낼 수가 없었지.

    1774년, 프리스틀리는 새로운 실험을 했어. 밀폐된 용기 속에 산화 수은을 넣고 렌즈로 태양 빛을 모아 가열한 거야. 산화 수은에서 나온 기체를 따로 모아 실험을 했어. ==초에 불을 붙여 그 기체 속에 넣었더니 촛불이 크게 타올랐어.== 그는 이 기체를 '순수한 공기'라고 불렀지. 실험은 계속되었어. 평범한 공기가 가득 든 밀폐 용기 속에서는 생쥐가 15분만 살 수 있었지만, 순수한 공기가 가득 든 밀폐 용기 속에서는 30분이나 버티었어.

    프리스틀리가 발견한 순수한 공기가 바로 산소야. 스웨덴의 화학자 칼 셸레가 먼저 산소를 발견했다는 기록이 있지만, 프리스틀리가 먼저 발표했기 때문에 업적은 프리스틀리에게 돌아갔지.

후 후 후

나는 태양이라고.

그래 봤자 너도 하나의 별일 뿐이야.

20. 허셜의 태양계 운동 발견

태양은 은하 속 움직이는 별에 불과하다

1783년, 영국의 천문학자 윌리엄 허셜은 하늘을 여러 영역으로 나누고 각 영역에 있는 별의 수를 헤아렸어. 그는 2년 전에 자신이 만든 천체 망원경으로 천왕성을 처음으로 발견하여 유명해진 천문학자야. 천왕성은 인류가 망원경으로 발견한 최초의 행성이거든.

허셜은 태양계 밖으로 눈을 돌려 은하를 처음으로 연구했어. 은하수가 별들이 모인 무리를 옆에서 본 것에 불과하다는 사실을 알아냈지. 또 태양이 은하에 있는 하나의 별에 불과할 뿐만 아니라 움직인다는 사실도 발견했어. 대략 움직이는 방향까지 알아냈지.

지동설을 주장한 코페르니쿠스는 태양이 우주 중심에 있고 움직이지 않는다고 보았고, 당시 사람들 대부분이 같은 생각이었어. 허셜의 주장은 사람들에게 큰 충격이었어. 그는 우주가 상상할 수 없을 정도로 크고, 별들이 모인 집단인 은하들이 모여 우주를 이룬다는 이론을 내놓았어. 태양이 있는 은하도 우주 안의 여러 은하 중 하나일 뿐이라는 거야.

훗날 태양은 우리은하 중심에서 약 3만 광년 떨어진 곳에서 약 2억 3천~2억 5천만 년을 주기로 공전한다는 사실이 밝혀졌어.

21 라부아지에의 《화학 원론》 발표

화학이 과학의 한 분야로 자리잡다

1789년, 라부아지에는 《화학 원론》을 발표했어. 이 책을 통해 화학은 아리스토텔레스의 4원소설에서 완전히 벗어나 과학의 한 분야로 자리 잡을 수 있었지. 이 책에는 그 유명한 질량 보존의 법칙이 실려 있어.

그는 실험 중에 황과 인을 태워 재를 남겼는데, 재의 무게가 태우기 전보다 더 무거운 걸 발견했지. 이상하게 생각한 라부아지에는 황과 인을 밀폐된 용기 안에 넣고 태우는 실험을 다시 했고, 타고 남은 재의 무게가 황과 인의 원래 무게와 다르지 않다는 걸 알았어. 그렇게 질량 보존의 법칙을 발견한 거야. ==화학 반응이 일어날 때, 반응 전 물질의 질량 합은 반응 후 생긴 물질의 질량 합과 언제나 같다는 법칙이지.== 다시 말해 화학 반응 전 물질들은 화학 반응 후에 생긴 물질로 변하기 때문에 물질이 사라지거나 없던 물질이 생기지 않는다는 거야.

라부아지에는 이 책을 통해 33종의 원소를 정리해서 발표했어. ==그는 화학적인 방법으로 더 이상 나눌 수 없는 물질을 원소라고 했지.== 모든 물질은 원소들로 이루어진 화합물이라고 주장했어. 그는 산소와 수소의 이름을 처음 사용했고, 화학 물질을 구성하는 원소를 바탕으로 그 물질의 이름을 정했어. 예를 들어 수은의 재는 수은이 산소와 결합한 화합물이므로 산화 수은이라고 부른 거야.

볼타의 그림일기

"땡큐~ 갈바니!"

"개골개골!"

1796년 나는 갈바니 덕분에 실험을 하게 됐지.

22 | 볼타의 화학 작용으로 만든 전류

금속만으로 만들어 낸 전기의 흐름

1796년, 이탈리아 파비아 대학의 물리학과 교수 알레산드로 볼타는 재질이 다른 동전을 각각 혀 아래와 위에 두고 철사로 연결했어. 혀에서 아주 작은 전기 흐름이 느껴졌어. 그는 혀에 놓인 금속과 자신의 침 때문에 전기가 흘렀다고 생각했지. 볼타가 이 실험을 한 이유는 이탈리아의 의사 갈바니 때문이야.

1791년, 갈바니는 마찰 전기를 일으키는 장치를 죽은 개구리 몸통에 대자 다리가 꿈틀거리는 걸 발견했어. 그리고 놋쇠 고리로 꿴 개구리 다리가 철제 울타리에 닿자마자 꿈틀거리는 것을 보았지. 갈바니는 이 현상이 개구리에 원래 있던 전기 때문에 일어났다고 생각했어.

볼타는 그 전기가 개구리가 아닌 외부에서 왔다고 생각했지. 금속만으로 전기가 흐를 수 있음을 증명한 거야. 1800년, 볼타는 혀에서 느낀 전기의 흐름을 확대하는 장치를 고안했어. 은과 아연 원판을 번갈아 쌓고 원판들 사이에 소금물로 적신 판지를 끼워 기둥을 만들었지. 이 기둥 아래와 위를 각각 은과 아연이 오게 하고 전선으로 연결하자 전류가 흘렀어.

세계 최초로 전기를 계속 흐르게 하는 장치, 볼타 전지가 개발된 거야. 이 장치는 오늘날 우리가 사용하는 전지로 발전했어. 전압을 측정하는 단위를 그의 이름을 따서 볼트(V)라고 부르지.

23 톰프슨의 마찰에 의한 열 실험
열은 운동과 관련 있다

1797년, 영국의 정치가이자 과학자인 벤저민 톰프슨은 독일 뮌헨의 무기 공장에서 포 만드는 작업을 감독했어. 당시에는 포신을 만들려면 고정된 드릴 날 앞에 긴 금속 원통을 수평으로 놓고 원통을 회전시켜 드릴 날로 원통 내부를 깎아 내야 했지. 작업이 시작되자 드릴 날이 깎아 내는 금속 원통은 금방 뜨거워졌어. 톰프슨은 생각했지.

'금속 원통에 열소가 무한정 있지 않아서 작업이 계속되면 언젠가는 원통에서 열소가 다 빠져나가고 더 이상 뜨거워지지 않을 거야.'

당시 사람들은 열소 이론을 믿었어. 모든 물체에는 열소라는 작은 알갱이가 있는데, 두 물체를 마찰시키면 열소가 빠져나오고, 열소가 나오면 물체의 온도가 올라간다고 생각했지.

그런데 드릴 날로 원통 내부를 깎는 작업이 계속되는 한 열은 계속 발생했고, 톰프슨은 열소 이론을 의심했지. 물이 가득 든 나무통에 포신을 넣고 내부를 드릴로 깎아 내는 실험을 했어. 얼마 후에 통 속의 물이 끓기 시작했지. 통 속에 찬물을 계속 채워 넣어도 작업이 계속되는 한 계속해서 물을 끓일 수 있었어. 이 실험을 통해 톰프슨은 열소 이론이 잘못되었음을 증명했지. 그는 열이 운동과 관련 있다고 생각했어. 그의 생각은 훗날 과학자들이 열 연구를 하는 데 큰 영향을 끼치게 돼.

24 빛의 파동성을 증명한 토머스 영

빛은 입자일까, 파동일까?

빛은 입자일까, 파동일까? 빛이 입자라면 알갱이와 같은 물질이고, 빛이 파동이면 어떤 물질을 진동해서 퍼져 나가. 뉴턴을 비롯한 18세기 이전의 과학자 대부분이 빛을 입자라고 생각했어. 빛이 앞에 있는 장애물을 돌아가지 못하고 똑바로 나아가는 모습을 보이기 때문이지. 그래서 빛 앞에 물체가 있으면 그 뒤편에 그림자를 드리우는 거야.

1803년, 영국의 의사이자 물리학자인 토머스 영은 빛에 대한 다른 실험 결과를 내놓았어. 그는 두꺼운 종이에 아주 좁은 틈을 내고 어두운 방에서 그 틈으로 빛을 비추었지. 그 틈을 통과한 빛은 그 앞에 또 하나의 두꺼운 종이에 만든 두 개의 아주 좁은 틈을 통과했어. 빛은 첫 번째 틈 하나를 통과한 뒤, 두 번째 두 개의 틈을 통과해서 스크린에 나타났지. 그런데 스크린에 밝은 부분과 어두운 부분이 번갈아 나타나는 줄무늬가 생긴 거야.

==영은 두 개의 틈을 통과한 두 줄기의 빛이 서로 간섭을 일으켜 밝은 곳은 더 밝고, 어두운 곳은 더 어둡게 나타났다고 생각했지.== 이런 간섭은 파동에서 일어나는 현상이야. 파동인 소리도 이와 같은 간섭 현상이 일어나거든. 고요한 물 위에 돌멩이 두 개를 던졌을 때 생기는 두 개의 물결이 서로 겹치며 간섭을 일으키는 현상을 보면 쉽게 이해할 수 있어. 이렇게 영은 빛이 파동의 성질을 가졌음을 증명했어.

돌턴의 원자 기호

세상의 모든 물질은 더 이상 쪼갤 수 없는 원자로 이루어졌어.

산소　　　　수소　　　　아연

진짜?

탄소　　　　황　　　　인

철　　　　수은　　　　은

25 돌턴의 원자설

물질을 이루는 작은 알갱이, 원자

기원전 4세기 무렵, 고대 그리스의 철학자 데모크리토스는 우리가 사는 세계가 원자로 이루어졌다고 주장했어. 당연히 철학적인 주장에 불과했지. 그로부터 2000년이 지난 1803년, 영국의 과학자 돌턴은 원자론을 발표하며 처음으로 과학의 시각으로 원자를 바라봤어.

돌턴은 산소나 수소와 같은 원소들이 아주 작은 알갱이로 이루어졌다고 생각했지. 탄소와 산소 알갱이가 몇 개씩 결합해 이산화 탄소가 되고, 산소와 수소 알갱이가 결합해 물이 된다고 믿었어. 그는 물질을 이루는 이 작은 알갱이를 원자라고 불렀지.

==세상 모든 물질은 더 이상 쪼갤 수 없는 원자로 이루어졌고, 같은 원소의 원자는 모두 크기와 성질이 같으며 똑같은 질량을 갖는다는 거야.== 또 화합물은 두 가지 이상의 원자로 이루어졌고, 화학 반응이 일어날 때 원자가 서로 자리만 바꿀 뿐 새로 생기거나 없어지지 않는다고 했어.

당시 사람들은 그의 원자론을 믿지 않았지. 그는 실망하지 않고 자신의 원자론을 뒷받침하기 위한 연구를 계속했어. 돌턴의 원자론이 과학자들에게 인정받기까지는 수십 년의 세월이 지나야 했어.

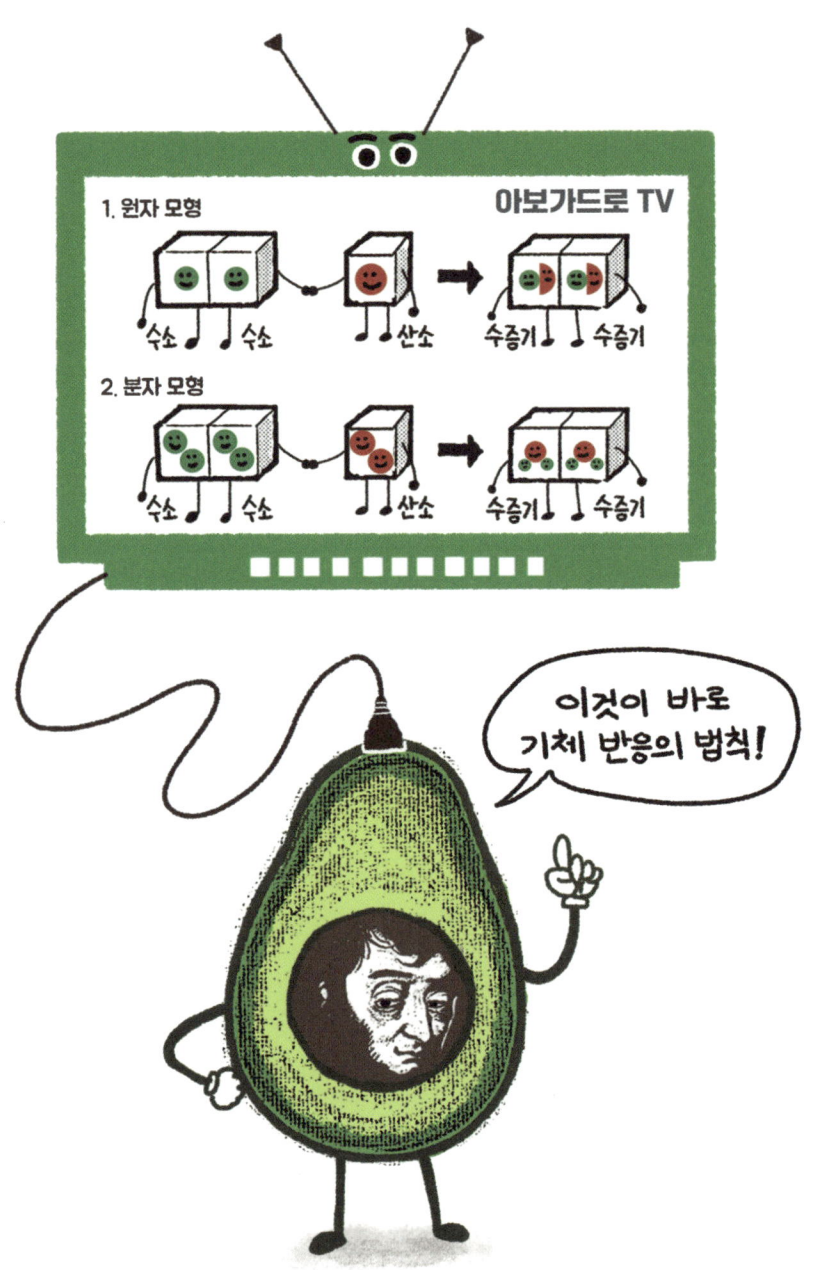

26 아보가드로의 분자설

근대 화학의 기초를 세운 분자설

돌턴이 발표한 원자론에는 몇 가지 허점이 있었어. 만약 물질이 원자로만 이루어졌다면, 산소 기체 1L는 산소와 수소가 결합한 물의 기체 상태인 수증기 1L보다 가벼워야 해. 산소에 수소가 더해졌으니 당연히 수증기가 더 무겁다는 이야기지. 하지만 현실에서는 산소 1L가 수증기 1L보다 더 무거워.

1811년, 이탈리아의 과학자 아보가드로는 이 문제점을 해결하는 분자설을 발표했어. ==기체는 원자가 아닌 몇 개의 원자가 결합한 입자로 이루어졌다는 거야.== 그는 이 입자를 분자라고 불렀어. 산소 기체는 산소 원자 2개로 이루어졌으므로 산소와 수소로 이루어진 수증기보다 무겁다고 주장했지. 실제로 산소 기체는 산소 원자 2개가 결합한 산소 분자(O_2)이고, 수증기는 산소 원자 1개에 수소 원자 2개가 결합한 물 분자(H_2O)야.

==그는 모든 기체가 종류에 상관없이 같은 온도와 압력에서 같은 부피 속에 같은 수의 분자를 갖는다는 아보가드로의 법칙을 주장했어.== 당시에는 분자의 존재를 증명할 수 없어서 하나의 가설로 취급받다가 아보가드로가 죽은 후, 1860년에서야 법칙으로 인정을 받아. 아보가드로의 분자설은 원자와 분자를 구별하여 근대 화학의 기초를 세운 중요한 발견이었지.

27. 한스 외르스테드의 전자기학 시작

전류는 자기장을 만든다

1800년대 초까지 사람들은 전기가 만드는 전기력과 자석이 만드는 자기력이 서로 전혀 다른 힘이라고 생각했어. 전기는 찌릿한 자극이 있고 방전될 때 번쩍이는 불꽃을 만들지만, 자석은 철을 잡아당길 뿐이니 당연히 서로 관계가 없다고 봤지.

덴마크 코펜하겐 대학의 교수 한스 외르스테드는 전기와 자기 사이에 중요한 관계가 있음을 발견했어. 1820년 4월 21일, 그는 강의 중에 다양한 전기 현상을 설명하면서 직접 학생들에게 실험으로 보여 주었지. 그는 볼타 전지 양극과 음극을 철사로 연결하여 철사에 전류를 흐르게 했어. 그러자 철사 옆에 놓인 나침반 바늘이 철사가 놓인 방향에 수직 방향을 가리켰지. 철사에 흐르는 전류의 방향을 바꾸어 주자, 이번에는 나침반 바늘이 180도 회전하면서 다시 철사가 놓인 방향에 수직 방향을 가리켰어.

외르스테드는 자신의 발견을 확인하기 위해 실험을 반복했어. 전지에 연결한 철사 주변에서 나침반을 이리저리 움직였지. 결국 철사에 흐르는 전기가 주위에 원형의 자기장을 만든다는 사실을 발견했어. 이 발견으로 전기와 자기 현상을 연구하는 전자기학이라는 새로운 학문이 탄생했지.

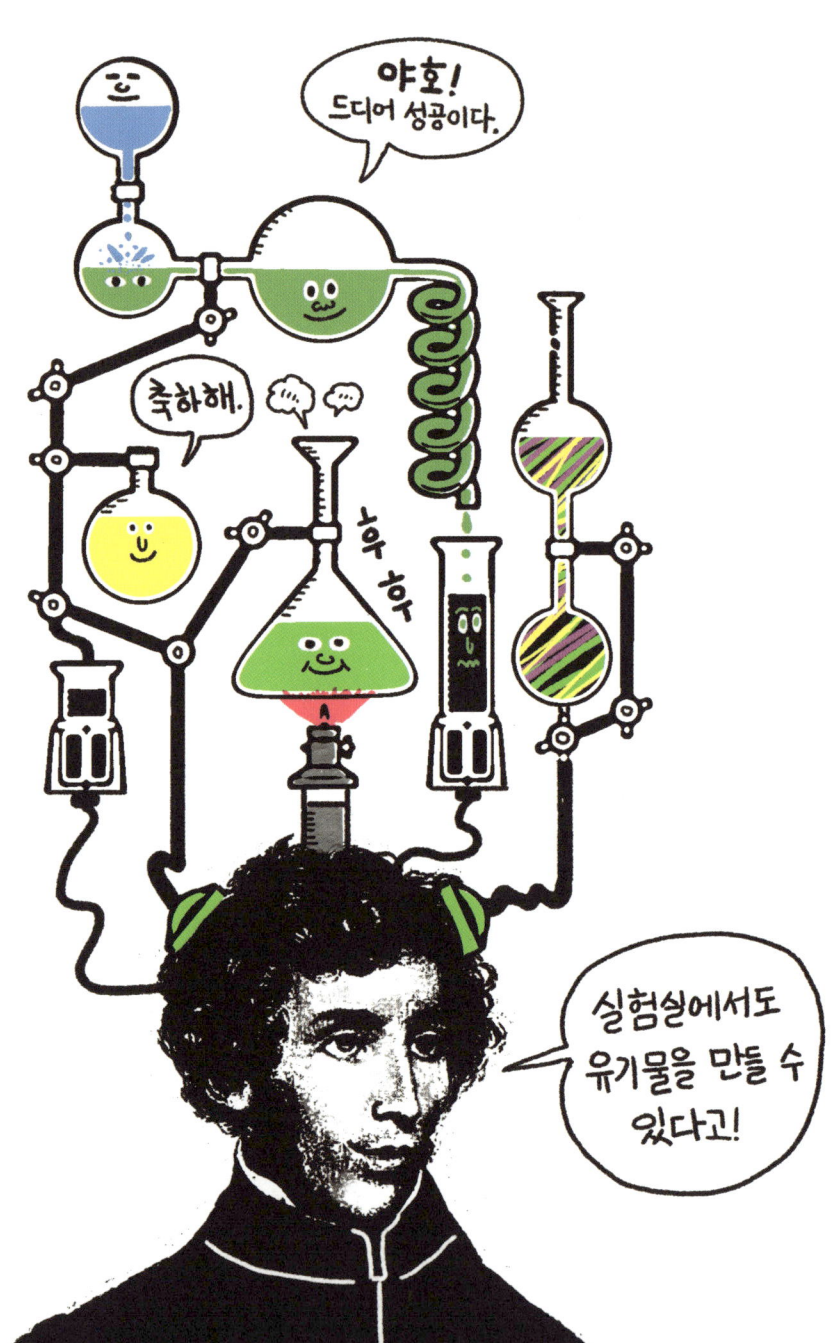

28 뵐러의 유기물 합성 실험

유기물은 생물체만이 만드는 물질일까?

19세기 초반, 과학자들은 생명체에 무생물에 없는 특별한 무엇인가가 있다고 믿었어. 유기물은 생명체만이 만들 수 있고 실험실에서 인공적으로 만들 수 없다고 생각했지. 유기물은 탄수화물, 단백질, 지방 등 생물 몸을 만드는 물질과 생물체에서 나오는 다양한 물질들을 말해.

1828년, 독일의 화학자 프리드리히 뵐러는 시안산 암모늄이라는 무기물로 실험을 했어. 시안산 암모늄을 가열하자 다른 물질로 바뀌었는데, 그 물질이 바로 오줌 속에 존재하는 물질인 요소였어. ==무기물로 유기물을 만든 놀라운 실험이었지.== 참고로 무기물은 유기물이 아닌 물질이야.

당시 과학자들은 뵐러의 실험 결과를 받아들이지 않고 여전히 유기물을 생물체만이 만들 수 있다고 믿었어. 요소는 단순한 구조이므로 특별히 예외적인 현상이라고 보았지. 하지만 뵐러의 실험 결과에 자극받아 실험실에서 무기물로 유기물을 만들려는 과학자가 점차 늘어났어. 에틸알코올과 메테인 등과 같은 유기물이 계속해서 실험실에서 인공적으로 만들어졌어. 그러면서 유기물은 생명이 만든 물질이라는 지위를 내려놓았지.

==현재는 유기물을 탄소 골격을 가지며 생명체와 밀접한 관계가 있는 화합물이라고 정의하고 있어.==

29 패러데이의 전자기 유도 법칙 발견

자석이 움직이면 전기가 흐른다

영국의 과학자 마이클 패러데이는 외르스테드의 실험 소식을 듣고 전기가 자기를 만든다면 반대로 자기로 전기를 만들 수도 있다고 생각했어. 그 생각을 증명하기 위해 10년 넘게 실험을 했지만 번번이 실패했어.

1831년, 그는 철 테두리에 구리선을 감아 코일을 만들고 이 코일에 자석을 넣었다 뺐다를 반복하자 코일에 전기가 흘렀어. 마찬가지로 고정된 자석에 코일을 넣었다 뺐다를 반복하자 코일에 전기가 흘렀지. 코일이나 자석의 움직임이 자기장을 변화시켜 전기 흐름을 만든다는 사실을 밝혀낸 거야. 이와 같은 자기장 변화가 전기 흐름을 만드는 현상을 '전자기 유도'라고 해.

패러데이는 전자기 유도 현상을 이용해 발전기를 발명했어. 두 개의 자석 사이에서 코일을 계속 움직이면 자기장이 계속 변하면서 전기 흐름을 꾸준히 만드는 발전기가 되거든. 반대로 코일에 전기 흐름을 주면 두 개의 자석 사이에서 코일이 계속 움직이는 모터가 되지.

그 후 새로운 발전기가 개발되고 모터를 이용한 수많은 전기 기구가 발명되면서 전기 문명 시대가 시작되었어. 전자기 유도 현상을 이용한 수많은 기기가 발명되어 우리 생활 곳곳에서 쓰이고 있어.

30 줄의 에너지 보존의 법칙

에너지는 사라지지 않는다, 다만 모습을 바꿀 뿐!

19세기에 들어서면서 빛, 열, 전지, 자기 등 각종 에너지에 대한 과학자들의 관심이 점점 커졌어. 특히 열이란 무엇인가? 열의 정체에 대해 궁금해했지. 열을 이용해 운동 에너지를 만드는 증기 기관이 쓰이기 시작했던 시절이기 때문이야.

1843년, 영국의 과학자 제임스 줄은 추가 위에서 아래로 떨어지면 물통 안의 회전 날개가 도는 장치를 만들었어. 아래로 떨어지는 추의 위치 에너지는 회전 날개를 돌려 운동 에너지를 만드는데, 이 운동 에너지가 물통에 든 물의 온도를 올렸어. 줄은 물통 안의 온도를 계속 쟀지.

==그는 떨어지는 추가 한 일이 많으면 열도 많이 발생하여 일과 열이 서로 비례한다는 사실을 알아냈어.== 이 비례 관계를 숫자로 표현한 것이 '열의 일당량'이야. 물통 안에 생긴 열의 양은 이 열을 발생시킨 운동 에너지나 위치 에너지의 양과 같고, 열과 일은 서로 상태를 바꿀 수 있다고 주장했어.

그의 주장은 에너지 보존의 법칙으로 발전해. ==에너지 보존의 법칙은 에너지가 형태만 바뀔 뿐 사라지거나 새로 생겨나지 않는다는 법칙이야.== 예를 들어 물체가 운동할 때 열에너지로 바뀌어 빠져나간 에너지를 모두 합하면 에너지의 총량은 변하지 않는다는 거야.

31 윌리엄 톰슨의 열역학 제2법칙과 절대 온도

열의 정체는 뭘까?

1847년, 영국의 과학자이자 글래스고 대학교 교수인 윌리엄 톰슨은 열과 일이 서로 상태를 바꿀 수 있다는 ==제임스 줄의 연구 결과로부터 열이 물질 입자의 운동 에너지라는 생각을 끌어냈어.== 또 입자의 운동 에너지가 0이 되어 열이 전혀 없는 상태인 절대 온도 0도를 생각해 냈지. 열이 물질 입자의 운동 에너지라고 생각했으니 입자의 운동 에너지가 전혀 없으면 열도 전혀 없다는 거야. 따라서 이보다 낮은 온도는 존재할 수 없어. 이를 절대 온도 0이라고 부르는데, 켈빈 경 윌리엄 톰슨의 K를 따서 0K(켈빈)이라고 해. 이것을 우리가 사용하는 섭씨온도로 바꾸면 영하 273도야. 결국 영하 273도보다 낮은 온도는 있을 수 없다는 말이지.

한편 그는 열역학 제2법칙을 생각해 내어 열역학이라는 새로운 학문의 기초를 세워. 열역학 제2법칙은 에너지가 항상 뜨거운 곳에서 차가운 곳으로 움직이고 그 반대 방향으로 움직이지 않는다는 거야. 열역학 제1법칙은 제임스 줄의 에너지 보존의 법칙이야.

열역학 제1법칙과 제2법칙을 종합해 보면, ==에너지는 형태만 바꿔 흩어질 뿐 사라지거나 새로 생겨나지 않고, 형태가 바뀐 에너지를 다시 이용할 수 있는 에너지 형태로 되돌릴 수 없음을 뜻해.==

32 다윈의 진화론

자연은 환경에 더 적응한 생물을 선택한다

　1859년 11월 22일, 찰스 다윈은 《종의 기원》을 발간하면서 진화론을 세상에 알렸어. 진화론은 다윈이 1831년, 탐사선 비글호를 타고 갈라파고스 제도를 여행하면서부터 시작돼. 그는 갈라파고스 제도의 섬마다 조금씩 다른 모양의 핀치새가 사는 것을 알아냈어. ==사는 곳과 먹이에 따라 몸 색깔과 크기, 부리 모양이 달랐던 거야.== 다윈은 여기에서 진화론의 단서를 발견하고, 연구를 시작했지.

　생물은 같은 종류라도 조금씩 다른 모습인데, 이것을 변이라고 해. 변이는 살아가는 데 유리할 수도 있고 불리할 수도 있어. 경쟁에 유리한 변이를 가진 생물이 더 많이 살아남는데, 이것을 자연 선택이라고 해. 이렇게 살아남은 생물은 자신의 변이를 자손에게 물려줘. 갈라파고스 제도의 핀치새처럼 섬에 갇혀 살면서 오랜 기간 이런 과정이 계속되면 변이는 점점 뚜렷해져서 다른 섬의 핀치새와 다른 종류가 될 수 있어. ==이런 과정을 통해 새로운 종의 진화가 일어난다는 것이 다윈 진화론의 중요 내용이야.==

　진화론은 인간과 세상을 보는 시각을 크게 바꿔 놓았고, 과학뿐만 아니라 학문과 종교, 사회에도 엄청난 변화를 몰고 왔어. 진화론은 하나의 학문으로 자리 잡았고, 우리 일상생활에도 큰 영향을 미치고 있지.

33 파스퇴르의 생물 속생설

생물은 저절로 생겨나지 않는다

19세기까지만 해도 사람들은 생물이 저절로 생겨난다고 믿었어. 멀쩡하던 음식에서 갑자기 곰팡이가 피고 구더기가 생기는 걸 보고 그런 믿음이 생긴 거야. 이러한 생각을 자연 발생설이라고 해.

==1862년, 프랑스의 화학자 루이 파스퇴르는 자연 발생설이 틀렸다고 생각했어.== 그는 플라스크에 수프를 넣고 플라스크 목 부분을 늘려 S 자 모양으로 구부러뜨렸어. 플라스크를 가열하여 수프를 끓였지. 수프가 끓을 때 나온 수증기가 플라스크의 구부러진 목 부분을 지나면서 물방울을 맺혔어. 플라스크가 식자 플라스크 목 부분에 물이 고였고, 이 물이 플라스크 안으로 들어오는 외부 공기를 막았지. 플라스크 안의 수프에는 한 달이 지나도 미생물이 생기지 않았어. 파스퇴르는 플라스크를 기울여서 수프가 구부러진 목 부분까지 흐르게 했다가 다시 원래 위치에 놓았지. 그러자 플라스크 목 부분에 있던 물이 플라스크 안으로 들어갔고, 얼마 지나지 않아 수프가 미생물에 오염되어 부패했어.

이 실험은 외부의 미생물이 플라스크의 구부러진 목 부분에 있는 물에 막혀 플라스크 안으로 못 들어갔기 때문에 수프에 미생물이 생기지 않았음을 보여 주었지. ==파스퇴르는 모든 생물이 저절로 생기지 않고 반드시 기존 생물로부터 발생한다는 생물 속생설을 증명한 거야.==

34 맥스웰의 전자기파 이론

자기장과 전기장이 만들어 내는 전자기파

영국의 과학자 맥스웰은 1854년경부터 패러데이의 연구 결과에 흥미를 갖고 연구를 시작했어. 맥스웰은 패러데이의 전자기 유도 현상을 더욱 발전시켰어. 시간에 따라 변하는 자기장이 있다면 변화하는 전기장이 생기고, 변화하는 전기장이 생긴다면 다시 변화하는 자기장이 생긴다고 생각했지. 결국 전기장과 자기장이 반복해서 만들어질 수 있다는 생각을 끌어냈어.

여기서 맥스웰의 전자기파 이론이 나와. 그는 전기와 자기를 하나의 힘으로 묶었어. ==전자기파는 전기장과 자기장이 서로를 계속 만들어 가는 진동 상태로 공간에 에너지를 전달한다는 거야.== 맥스웰은 방정식을 이용해 이 전자기파의 속도가 빛의 속도라는 것을 알아내어 빛도 전자기파의 일종임을 밝혀냈어.

1864년, 전자기파를 수학적으로 정리해서 만든 방정식을 발표했어. ==이 방정식을 맥스웰 방정식이라고 부르는데, 전기와 자기와 관련된 문제를 이 방정식으로 풀 수 있었지.==

당시 물리학에 알려진 모든 문제를 뉴턴의 운동 법칙과 중력 이론, 그리고 맥스웰의 방정식으로 설명할 수 있었어. 이 방정식은 뉴턴 이후 가장 위대한 발견이라고 평가받았고, 다른 과학자에게도 큰 영향을 끼쳤어. 아인슈타인도 이 맥스웰 방정식의 영향을 받았다고 해.

35 멘델의 유전 법칙

유전에 대한
최초의 과학적인 연구

부모의 생김새나 특징이 자식에게 전해지는 현상을 유전이라고 해. 유전에 대해 제대로 연구할 수 없었던 시절에 사람들은 부모의 특징이 섞여서 중간 성질이 자식에게 유전된다고 믿었어. 자식이 부모의 모습을 조금씩 닮는 건 당연한 일이니 사람들은 이 믿음을 의심하지 않았지.

이런 분위기에서 오스트리아의 수도사였던 그레고어 멘델은 유전에 대해 처음으로 과학적인 연구를 했어. 그는 1854년부터 수도원 마당에서 여러 해에 걸쳐 완두콩을 재배하며 연구했지. 멘델은 완두를 재배하면서 완두콩의 색깔이나 모양, 콩깍지 색깔 등에서 서로 뚜렷하게 대립하는 형질이 많다는 걸 알아냈어. 예를 들어 노란색 완두콩에 대립하는 형질은 녹색 완두콩인데, 이 대립 형질을 선택해 교배 실험을 했어.

이 실험을 통해 부모의 특징이 섞인 중간 성질이 자식에게 나타나지 않고, 부모 한쪽의 형질만 나타나는 걸 알아냈지. 그는 분리의 법칙, 독립의 법칙과 같은 유전 법칙도 알아냈어.

1865년, 멘델은 연구 결과를 발표했지만 당시 과학계로부터 주목을 받지 못한 채 묻혀 버렸어. 그가 죽은 후, 멘델의 유전 법칙이 세상에 알려졌고, 멘델은 오늘날까지 유전학의 아버지로 인정받고 있어.

36. 멘델레예프의 원소 주기율표

원소들 사이의 규칙을 찾아내다

19세기에는 이미 많은 화학 원소들이 알려졌고, 새로운 화학 원소들도 잇달아 발견되고 있었어. 19세기 초반부터 과학자들은 원소들 사이의 연관성을 발견하려 노력했지. 린네가 생물을 분류하는 방법을 만들었듯이 그들도 원소들을 분류하는 방법을 만들고 싶었던 거야.

러시아의 화학자 드미트리 멘델레예프도 원소들을 분류하는 방법을 찾고 있었지. ==그는 원소들의 연관성을 찾기 위해 당시 알려진 모든 원소 63개의 정확한 원자량을 조사했어.== 종이 카드 63장에 각각 원소 이름과 원자량, 성질 등을 적고 몇달 동안 다양한 방식으로 카드를 배열했어.

멘델레예프는 꿈속에서도 원소 배열표가 보일 정도로 연구에 집중했고, 결국 만족스러운 배열을 완성했지.

1869년 3월 6일, 멘델레예프는 그 표를 다듬어 발표했는데, 이것이 바로 최초의 원소 주기율표야. 원소 주기율표를 보면 원소들의 원자량에 어떤 규칙이 있고, 원소의 성질이 주기적으로 나타난다는 사실을 한눈에 알 수 있어.

37 코흐의 탄저균 발견과 코흐 원칙

미생물이 질병을 일으킨다

19세기에 맨눈에는 볼 수 없는 미생물 때문에 음식물이 부패한다는 사실이 알려지면서 일부 과학자들은 미생물이 질병을 일으킨다고 주장했어. 하지만 그 주장을 확인할 방법이 없었지.

1876년, 독일의 의사 로베르트 코흐는 탄저병의 원인을 찾다가 탄저병으로 죽은 가축의 피에서 막대 모양의 미생물을 발견했어. 탄저병은 소나 말과 같은 초식 동물이 주로 걸리는 전염병으로, 감염되면 며칠 만에 목숨을 잃는 무서운 병이야. 이 미생물은 건강한 가축의 피에서는 발견되지 않았어. 코흐는 이 미생물이 탄저병의 범인이라고 생각했지.

이것을 확인하기 위해 탄저병에 걸린 동물에서 뽑은 피를 건강한 동물에게 주사했고, 주사를 맞은 동물은 탄저병에 걸렸어. 반복된 실험에서도 같은 결과가 나왔지. 병을 일으키는 미생물인 탄저균을 발견한 거야. 세균 때문에 전염병이 발생한다는 사실이 처음으로 밝혀졌어.

코흐는 탄저병 연구 결과를 발표하면서 미생물이 어떤 질병의 원인으로 인정받기 위한 원칙을 제시했지. 이것을 '코흐 원칙'이라고 불러. 오늘날에도 어떤 미생물이 어떤 질병의 원인임을 인정받으려면 이 원칙에 맞아야 해.

38 헤르츠의 전자기파 발견

방전 불꽃으로
전자기파를 발견하다

독일의 물리학자 하인리히 헤르츠는 맥스웰의 전자기파 이론에 관심이 많았어. 그 이론을 증명할 실험 방법을 생각해 냈지. 그는 우선 전자기파를 발생시키는 장비를 만들었어. 도선이 연결된 두 개의 작은 금속 구를 약간의 틈새로 떼어 놓았어. 이 틈새에서 불꽃이 튀며 방전이 일어나면 맥스웰이 예측한 전자기파가 발생하리라 예상했지.

전자기파를 탐지하는 장치도 만들었어. 구리선을 둥글게 구부려 고리 모양으로 만들고 고리 중간에 작은 틈을 만들었지. 만약 전자기파가 오면, 이 틈에서 방전 불꽃이 일어나도록 말이야.

1887년, 어두운 강당 양쪽 끝에 전자기파 발생 장치와 전자기파 감지 장치를 각각 놓았어. 두 장치에는 어떠한 연결도 없었지. ==그는 전자기파 발생 장치에 방전 불꽃을 일으켰는데, 짧은 순간 전자기파를 탐지하는 장치에서도 아주 작은 방전 불꽃이 일어났어.== 전자기파의 존재를 처음으로 확인했지.

계속된 실험으로 이 전자기파가 빛의 속도로 움직이고 굴절과 반사도 가능하며 진동하는 파동임을 확인했어. 헤르츠는 전자기파 중 파장이 가장 긴 전파를 발견한 거야. 이 전파 덕분에 라디오와 TV가 탄생했고, 핸드폰과 같은 무선 통신도 할 수 있게 된 거야. 헤르츠의 업적을 기리기 위해 무선 통신의 주파수 단위를 헤르츠(Hz)라고 부르지.

39 염색체의 역할을 알아낸 바이스만

염색체에는
유전과 관련된 뭔가 있다

19세기 후반, 멘델의 유전 법칙이 알려지면서 유전의 신비는 조금씩 풀렸지만 어떤 물질 때문에 유전이 일어나는지는 아무도 몰랐어.

1870년대 말, 과학자들이 동물의 정자가 난자 속을 뚫고 들어가 정자와 난자의 핵이 합쳐지는 모습을 현미경으로 관찰했어. 세포핵 일부분만을 염색하는 염색법도 개발되었지. 과학자들은 세포핵에서 염색되는 부분을 염색질이라고 불렀는데, 그것이 어떤 역할을 하는지는 알지 못했어.

1889년, 독일의 생물학자 아우구스트 바이스만은 세포를 생식 세포와 체세포로 나눠야 한다고 주장했어. 체세포는 생물이 죽으면 함께 사라지지만, 생식 세포는 다음 세대로 전달되기 때문이야.

그는 체세포가 분열할 때 염색체들이 2배로 늘어난 다음, 다시 둘로 나뉘어 세포 분열로 생긴 각각의 체세포로 들어간다는 사실을 알아냈어. 염색체는 세포핵의 염색질이 세포가 분열할 때 뭉쳐서 여러 개의 덩어리 모양을 이룬 걸 말해. 생식 세포 분열에서는 염색체가 반으로 나뉘어 생식 세포 안으로 들어가고, 생식 세포인 난자와 정자가 만나 아기가 될 때 다시 염색체 수가 원래대로 회복된다는 사실을 알아냈지. 바이스만은 염색체에 유전의 기능을 맡은 입자가 있다고 주장했어.

40 뢴트겐의 X선 발견

보이지 않는 무엇인가 두꺼운 종이를 통과했다

1895년, 독일의 물리학자 빌헬름 뢴트겐은 깜깜한 실험실에서 음극선관으로 실험을 했어. 진공 유리관 양쪽 끝에 금속 전극을 끼우고 전류를 흐르게 하면, 유리관 안의 음극에서 양극으로 광선이 나오는데, 이것을 음극선이라 하고 이 진공 유리관을 음극선관이라고 해.

뢴트겐은 음극선관을 두껍고 검은 종이로 감싸서 빛이 새지 않게 했어. 그런데 음극선관에 전류가 흐르자 1m 떨어진 형광 스크린에 희미한 빛이 보였지. 형광 스크린은 빛을 흡수하면 빛을 내는 성질이 있어. ==그는 보이진 않지만 음극선관에서 두꺼운 종이를 뚫고 무엇인가 빠져나와 형광 스크린에 비췄다고 생각했지. 그 무엇인가를 X선이라 이름 지었어.==

뢴트겐은 음극선관과 형광 스크린 사이에 여러 가지 물건을 두고 실험을 계속했어. X선은 아주 두꺼운 책뿐만 아니라 헝겊, 나무, 고무 등을 통과했지. 하지만 1.5mm 이상의 납은 통과하지 못했어. 그는 X선과 사진 건판을 이용하면 사람의 신체 내부를 볼 수 있다고 생각하고, X선이 아내의 손을 통과하여 사진 건판에 쪼이는 실험을 했어. 사진 건판을 현상하자 아내 손의 뼈가 선명하게 보였지.

그는 X선 발견을 발표했고, 세상을 놀라게 했어. 의사들은 X선을 이용해서 사람 몸 안을 들여다보며 치료할 수 있게 된 거야.

1903년 노벨 물리학상은
베크렐과 퀴리 부부가
공동 수상했음을 알려드립니다~.
축하해요,
마리 퀴리.
베크렐선
덕분인걸요.
1903년 공동 노벨 물리학상
SIDE

41. 베크렐의 방사선 발견

어떤 특별한 물질에서 방출된 빛 에너지, 방사선

X선이 발견된 후, 프랑스의 물리학자 앙리 베크렐은 인광 물질에서도 X선이 나올 수 있다고 생각했어. 인광 물질은 빛을 받으면 빛이 없어도 한동안 어둠 속에서 빛을 방출하는 물질이야. 1896년, 그는 인광을 방출하는 우라늄 염 위에 빛이 들어오지 않게 두꺼운 종이로 감싼 사진 건판을 두었지. 그 사진 건판을 현상하자 예상했던 대로 빛에 노출된 흔적이 있었어.

==베크렐은 우라늄 염이 인광을 방출할 때 X선과 비슷한 걸 방출한다는 사실을 알아냈지.== X선과 비슷한 것을 베크렐선이라 불렀어. 그런데 우라늄 염은 인광을 방출하지 않을 때도 두꺼운 종이로 감싼 사진 건판에 빛에 노출된 흔적을 뚜렷이 만들었어. 베크렐선은 인광과 상관없이 우라늄 염 자체에서 나왔던 거야. 그 후 베크렐은 베크렐선이 자기장에 의해 휜다는 사실을 알아내고 베크렐선이 전하를 띤 입자의 흐름으로 생각했지. 자기장은 전하를 띤 입자의 운동 방향에 영향을 주거든.

베크렐선의 정체를 밝힌 과학자는 바로 마리 퀴리야. ==마리 퀴리는 어떤 물질이 빛과 에너지를 방출하는 현상을 방사능이라 이름 붙이고 방사능을 가진 물질에서 나오는 빛을 방사선이라 불렀어.== 베크렐의 업적을 기려 그의 이름을 방사능 크기를 재는 단위로 사용하고 있어.

42 조지프 존 톰슨의 전자 발견

원자에서 떨어져 나온 입자의 정체는?

1894년, 뢴트겐이 음극선으로 X선을 발견한 것에 자극받은 영국의 물리학자 조지프 존 톰슨은 음극선을 연구했어. 음극선의 속도를 측정했는데, 그 속도가 빛의 속도보다 훨씬 느렸지. 톰슨은 생각했어.

'음극선은 빛과 같은 전자기파가 아니야. 맥스웰 방정식에 의하면, 모든 전자기파는 속도가 같아야 하거든.'

1년 후, 프랑스의 물리학자 장 페랭이 음극선이 자기장에 의해 휘어진다는 실험 결과를 발표했어. 이를 보고 톰슨은 음극선이 음극선관의 음극에서 방출된 어떤 입자의 흐름이라고 생각하고, 실험을 통해 음극선이 음(-) 전기를 띤 입자들의 흐름임을 밝혀냈지. 그는 이 입자를 미립자라 불렀어. 미립자가 원자보다 훨씬 작으며 원자에서 떨어져 나온 것임을 알아냈지.

1897년, 톰슨은 연구 결과를 발표했고 사람들은 충격에 빠졌어. 원자는 더 이상 쪼개질 수 없는 존재라고 굳게 믿었기 때문이야.

1899년, 톰슨은 미립자의 질량도 알아냈어. 그가 밝혀낸 미립자의 질량은 가장 작은 원자인 수소 원자의 2000분의 1에 불과했지. 미립자는 전자라는 이름을 얻게 돼.

43 이바노프스키와 베이에링크의 바이러스 발견

세균 여과기 필터 구멍보다 작은 미생물

1892년, 러시아의 미생물학자 드미트리 이바노프스키는 담배 모자이크병을 일으키는 미생물을 세균 여과기로 걸러 내는 실험을 했어. 담배 모자이크병은 담배와 같은 가지과 식물이 쉽게 걸리는 병이야. 이바노프스키는 세균이 이 병을 일으킨다고 생각했어. 당시에 발견된 모든 세균은 세균 여과기로 걸러 낼 수 있었는데, 세균 여과기를 통과한 액체에서 담배 모자이크병을 일으키는 미생물이 여전히 발견되었어. 그 미생물이 세균 여과기를 통과한 거야.

이바노프스키는 담배 모자이크병을 일으키는 미생물이 세균 여과기 필터 구멍보다 작은 세균이라고 생각했어. 당시는 세균보다 작은 물체를 관찰할 수 있는 현미경이 없었으니 세균보다 훨씬 작은 바이러스의 존재를 알 수 없었지. 이바노프스키가 생각한 세균은 바로 담배 모자이크 바이러스로, 인류가 최초로 발견한 바이러스야.

1898년, 네덜란드의 미생물학자 베이에링크는 이바노프스키의 실험을 다시 해 보았어. 그는 실험 결과를 보고 담배 모자이크병을 일으킨 범인은 세균보다 훨씬 작은 다른 미생물이라고 판단하고, '바이러스'라고 이름 지었어. 바이러스는 병과 독이라는 뜻을 지닌 라틴어야. 바이러스의 존재가 처음으로 세상에 알려진 순간이야.

44 막스 플랑크의 양자 가설

원자 세계의 물리학인 양자 물리학의 시작

19세기 말, 제철업에서는 좋은 품질의 철을 만들기 위해 용광로 내부 온도를 정확히 잴 필요가 있었어. 그런데 용광로 안은 너무나 뜨거워서 온도계를 넣을 수 없었지. 과학자들은 고온의 물체에서 나오는 빛의 색깔로 온도를 짐작했어. 예를 들어 빨간색이면 600℃ 정도, 노란색이면 1000℃ 정도라는 거야. 많은 실험을 통해 물체의 빛 색깔 변화에 따른 온도의 변화를 알아냈지만, 왜 그런지는 제대로 설명할 수 없었어.

==1900년, 독일의 물리학자 막스 플랑크는 빛이 연속해서 흐르지 않고 입자처럼 작은 덩어리를 이루며 띄엄띄엄 흐른다는 것을 알아냈어.== 또 빛 에너지 덩어리가 2배, 3배, 4배와 같이 정수 배로 증가한다고 주장했어. 막스 플랑크의 이 이론을 양자 가설이라고 불렀지. 에너지 덩어리를 에너지 양자라고 했거든. 양자 가설은 이제까지 물리학을 지배했던 생각을 송두리째 뒤집었어. 이전까지는 에너지가 0에서부터 연속적으로 증가하는 연속적인 양을 갖는다고 생각했어. 게다가 빛은 파동으로만 알려졌는데, 파동과 함께 입자의 성질이 있음을 밝힌 거야.

==막스 플랑크는 기존의 물리학과 전혀 다른 양자 물리학을 탄생시켰지.== 양자 물리학은 원자나 전자 등과 같은 미시 세계에 대한 물리 법칙이라고 할 수 있어.

45. 아인슈타인의 특수 상대성 이론

빠르게 움직이는 물체의 1초와 정지한 물체의 1초는 다르다

1905년, 아인슈타인은 특수 상대성 이론을 발표했어. 시간과 공간이 속도에 따라서 달라진다고 해. 빛처럼 빠른 속도로 운동하는 물체에서는 시간이 느려지고 길이가 짧아지며 질량이 증가한다는 거야. 이 이론이 어떻게 탄생했을까? 1887년, 과학자들은 실험을 통해 빛 속도가 변하지 않고 항상 같다는 사실을 밝혀냈어. 그런데 아인슈타인은 빛 속도가 항상 같다면 문제가 있다고 생각했지. 예를 들어 매우 빠른 속도로 달리는 열차 안의 맨 끝에서 앞으로 빛을 쏘면 어떻게 될까? 이 모습을 밖에서 보면 빛이 원래 자기 속도에 열차 속도를 더한 속도로 날아가야 해. 그러면 빛의 속도는 언제나 같다는 사실에 어긋나지.

그는 이 문제 해결을 위해 빛 속도가 항상 똑같다면 시간이나 거리가 상대적으로 변해야 한다고 생각했어. 속도는 거리 나누기 시간이기 때문이야. 빠르게 움직이는 물체의 1초와 정지한 물체의 1초는 달라서 물체가 빠를수록 시간이 천천히 흐른다는 거지. 또 물질이 빠르게 움직일수록 그 질량이 점점 늘고, 질량이 늘수록 속도를 높이기 어려우므로 어떤 물질도 빛보다 빠를 수 없다고 주장했어. 특수 상대성 이론은 그동안 물리학을 지배했던 뉴턴의 법칙을 무너뜨렸지. 또 이 이론을 통해 에너지는 질량 곱하기 빛 속도의 제곱이라는 방정식($E=mc^2$)이 나와.

46 러더퍼드의 원자핵 발견

원자 내부는
어떻게 생겼을까?

조지프 존 톰슨이 전자가 원자의 일부임을 밝혀냈지만, 20세기 초까지 원자 내부가 어떤지 아무도 몰랐어. ==톰슨은 양전하를 띤 물질로 이루어진 구 안에 음전하를 띤 전자가 수박씨처럼 박힌 원자 모형을 제안했지.==

1909년, 영국의 물리학자 어니스트 러더퍼드는 원자 내부 구조를 알아내려는 실험을 했어. 러더퍼드는 방사선 중 하나인 알파 입자를 아주 아주 얇은 금박을 향해 쏘았어. 알파 입자는 당시에 양전하를 띤 무거운 입자로만 알려졌지만, 사실은 헬륨 원자핵이야. 톰슨의 원자 모형에 의하면 원자 안에 양전하가 골고루 퍼져 있어야 해. 그래서 알파 입자가 약간 굴절되어 통과하리라 예상했지. 그런데 실험 결과, 알파 입자 대부분이 금박이 없다는 듯이 직선으로 통과했고, 일부는 약간 옆으로 휘었으며, 아주 적은 수가 벽을 향해 던진 공처럼 튕겨 나왔어. 러더퍼드는 이 실험 결과를 보고 톰슨의 원자 모형이 틀렸음을 알아냈지.

1911년, 러더퍼드는 실험 결과를 정리해 새로운 원자 모형을 제시했지. ==원자 대부분이 비어 있는 공간이고, 이 공간에서 전자들이 돌고 있으며, 원자 가운데 원자 지름 약 10만 분의 1인 공간에 질량 대부분이 모여 있다는 거야.== 그는 원자 가운데 질량이 모인 곳을 원자핵이라 이름 지었어. 원자핵이 처음으로 발견되었지.

47. 닐스 보어의 원자 모형

전자들이 도는 궤도는
각각 다른 에너지를 갖는다

러더퍼드가 원자 모형을 발표했지만, 그 원자 모형으로는 설명할 수 없는 현상들이 있었어. 원자가 방출하는 빛의 색깔도 그중 하나야. 용기에 든 수소 가스에서 방전을 일으키면, 수소 원자가 빛을 내지. 이 빛이 프리즘을 통과하면 파장별로 나뉘어 4가지 색으로 분리돼. 그런데 이 색깔들이 연속적이지 않고 띄엄띄엄 나타나. 프리즘을 통과한 햇빛이 무지개색으로 연속해서 나타나는 것과 달랐어.

1913년, 덴마크의 물리학자 닐스 보어는 원자핵을 도는 전자에 막스 플랑크의 양자 가설을 적용한 새로운 원자 모형을 생각해 냈어. ==보어는 원자핵을 도는 전자들이 띄엄띄엄 각각 다른 에너지를 갖는 궤도들을 돈다고 생각했지.== 전자가 다른 궤도로 이동하면 에너지를 흡수하거나 방출하는데, 이 에너지는 양자로 나타난다는 거야.

이 원자 모형으로 수소 원자에서 나온 빛이 프리즘을 통과한 후 띄엄띄엄 나타나는 현상을 설명할 수 있었어. ==전자는 에너지가 높은 궤도에서 에너지가 낮은 다른 궤도로 옮겨갈 때 그 에너지 차이를 빛 에너지로 방출해.== 그런데 전자의 궤도가 연속적이지 않으므로 거기서 나오는 빛의 색깔도 연속적이지 않고 띄엄띄엄 나타난다는 거야. 보어는 이 원자 모형으로 20세기 양자 물리학과 핵물리학 발전에 큰 역할을 했어.

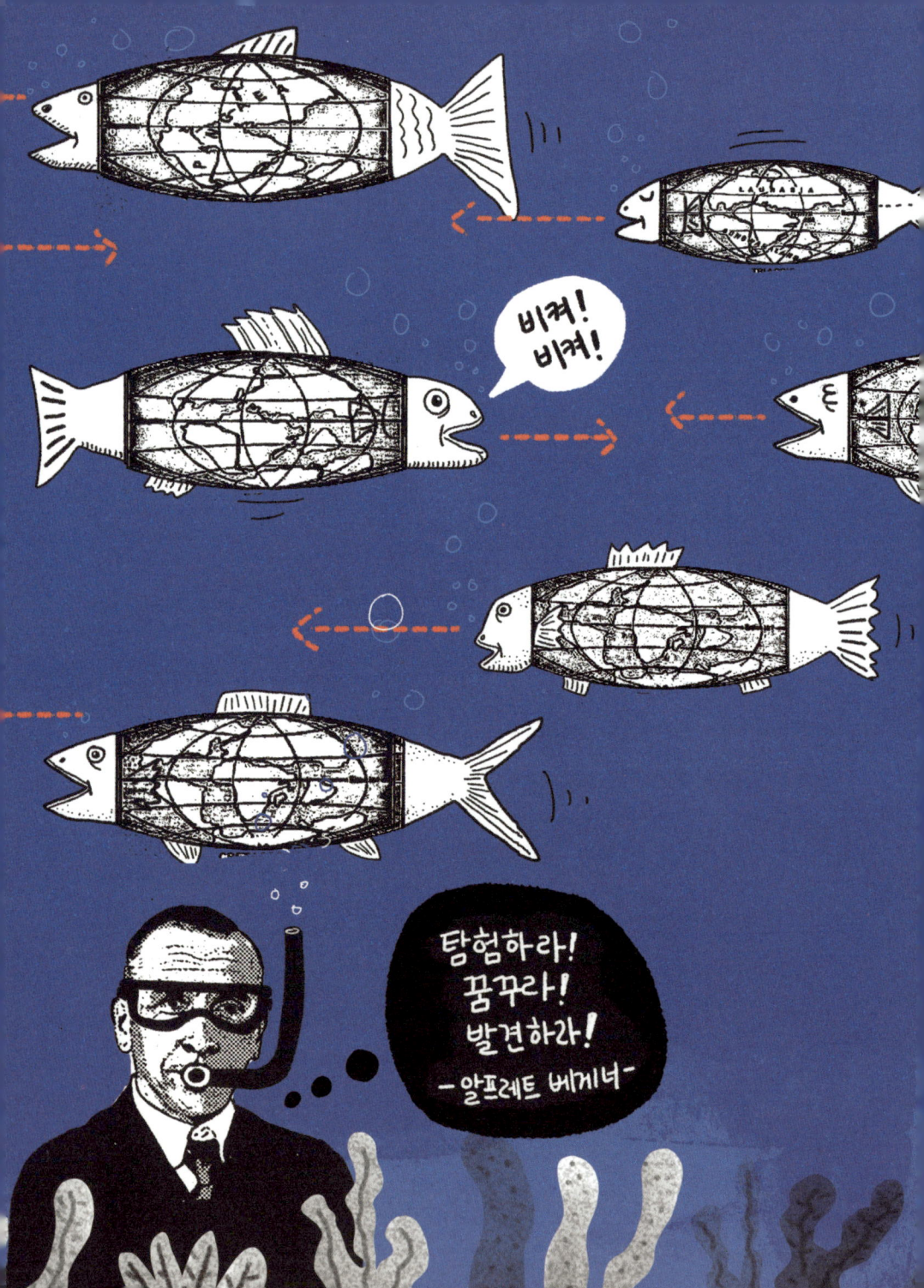

48 베게너의 대륙 이동설

대륙은 원래 하나만 있었다

옛날 사람들은 지구의 6개 대륙이 움직인다는 생각을 전혀 못 했어. 17세기 이후, 제대로 된 세계 지도가 나오기 시작하면서 대륙이 이동하지 않았나 의심하는 사람들이 생겼지. 지도에 있는 대륙들의 해안선 모양이 바다를 사이에 두고 떨어져 있음에도 많이 닮았기 때문이야. 하지만 아무도 대륙 이동을 과학적으로 설명하지 못했어. 그러던 중에 독일의 기상학자 알프레트 베게너는 처음으로 대륙 이동을 과학적으로 설명했지. 그는 어떻게 대륙 이동을 알게 되었을까?

베게너는 세계 지도를 보다가 남아메리카의 동해안과 아프리카 서해안이 퍼즐 조각처럼 꼭 들어맞는다고 생각했어. 1911년 가을, 아프리카와 남아메리카 대륙에서 발견된 동식물 화석이 비슷하다는 흥미로운 논문 하나를 발견했어. 그때부터 베게너는 흥미를 갖고 연구를 시작했어. 그 후 바다를 사이에 두고 떨어진 대륙들의 지층이 같고, 인도와 호주, 아프리카와 같은 더운 지역에 빙하 흔적이 있으며, 더운 지방에서 만들어진 석탄층이 남극에 있다는 사실을 알아냈지.

1912년, 베게너는 알아낸 사실을 토대로 대륙 이동설을 주장했어. 대륙 이동설은 아주 먼 옛날에 '판게아'라는 하나의 대륙만 있었고, 판게아가 매우 느린 속도로 움직이면서 현재와 같이 6개 대륙으로 나뉘었다는 내용이야.

49) 토머스 모건의 유전자 지도

염색체 위에
유전자 지도를 만들다

미국 컬럼비아 대학의 교수인 토머스 모건은 초파리를 이용하여 어두운 동굴 속에서 동물 눈이 퇴화하는 현상을 연구했어. 1910년 5월, 기르던 초파리들 사이에서 흰색 눈을 가진 돌연변이를 발견하고, 그때부터 연구원들과 함께 초파리 돌연변이 연구에 집중했어. 흰색 눈뿐만 아니라 노란 날개, 굽은 등, 검은색 몸과 같은 다양한 돌연변이 초파리를 발견하고, 이 돌연변이의 자손을 길러 냈지.

그들은 17년 동안 무려 500여 종의 돌연변이를 발견하고 길러 냈어. 초파리는 침샘에 있는 염색체가 보통 염색체보다 100배나 커서 보통 현미경으로도 관찰할 수 있지. 모건은 그 염색체를 관찰하여 어미에서 새끼로 이어지는 유전 정보를 가진 무엇인가가 염색체 위에 있음을 알아냈어. 그 무엇인가가 바로 유전자야. 유전자는 목걸이의 구슬처럼 염색체 위에 끼워져 있지. ==모건은 유전자 하나하나가 염색체 위 정해진 위치에 질서정연하게 자리 잡고 있다는 사실을 알아냈어. 수백 개에 달하는 유전자의 염색체 위 위치를 밝혀내어 유전자 지도를 만들었지.==

모건은 이 연구를 통해 염색체가 유전 정보를 전달한다는 사실을 증명했고, 유전자의 존재를 세상에 알려 유전학 발전에 큰 역할을 했어.

50 아인슈타인 일반 상대성 이론

휘어진 시공간이 중력을 만든다

1916년, 아인슈타인은 일반 상대성 이론을 발표했어. 질량을 가진 모든 물체는 주변 공간을 휘게 하고 공간 휘어짐이 중력을 만든다는 이론이야. 질량이 클수록 공간의 휘어짐도 커지고 중력도 커진다고 했는데, 이것은 뉴턴과 다르게 중력을 설명한 거야.

우주에서 태양처럼 질량이 큰 천체는 주변 공간을 휘게 하고, 그 휘어진 공간을 따라 행성이 공전한다고도 했어. 그릇 안쪽 경사면에 구슬을 던졌을 때 구슬이 경사면을 따라 도는 모습과 비슷한 거지. 또 빛은 언제나 직진하는데, 휘어진 공간을 따라 나아가면 자연히 빛도 휘어진다고 해. 따라서 엄청난 질량을 가진 태양 근처를 지나는 별빛은 직진하지 않고 휘어야 하지.

과학자들은 1919년, 개기 일식을 통해 아인슈타인의 주장이 옳은지를 알아보았어. 개기 일식 때는 달이 태양을 가리므로 낮에도 태양 주변의 별들을 볼 수 있거든. 이 별들의 위치와 개기 일식 때와 똑같은 방향인 6개월 후 밤하늘의 그 별들 위치와 비교한 거지. 놀랍게도 그 위치가 서로 달랐어. 개기 일식 때의 별들은 태양 중력의 영향으로 별빛이 휘어졌음이 확인됐지. 이로써 일반 상대성 이론이 옳았음이 증명되었어.

51 하이젠베르크의 불확정성 원리

양자 물리학에서는 위치와 운동량을 동시에 알 수는 없다

20세기 들어서면서 물리학은 현미경으로도 보기 힘든 아주 작은 원자의 세계를 다루기 시작했어. 이 원자의 세계는 보통의 물리학으로 설명하기가 쉽지 않았어. 그래서 양자 물리학이 탄생한 거야.

1927년, 독일의 물리학자 베르너 하이젠베르크는 불확정성 원리를 발표했어. ==불확정성 원리는 양자 물리학에서 위치와 운동량을 동시에 정확하게 측정할 수 없다는 원리야.== 측정 기술이 아무리 발달하더라도 근본적으로 정확한 측정이 불가능해.

예를 들어, 미래에 기술이 발달해서 전자를 관찰할 수 있는 현미경이 개발되었다고 가정해 봐. 현미경으로 전자를 관찰하려면 빛이 전자와 충돌한 후에 현미경으로 들어와야 해. 이 과정에서 위치의 측정이 운동량을 변화시키고, 반대로 운동량의 측정이 위치를 변화시키지. 결국 전자의 위치와 운동량을 동시에 정확하게 측정하는 건 불가능해. ==전자는 빛처럼 입자의 성질을 가지면서 동시에 파동의 성질을 갖기 때문이야.==

전자의 위치를 묻는다면, 정확하게 말할 수 없고, 어림해서 거기쯤 있을 거라고 확률로 예측할 수밖에 없어. 결국 양자 물리학에서는 확률로 해석할 수밖에 없다는 문제가 생긴 거야.

52. 허블의 법칙

우주는 팽창하고 있다

1929년, 미국의 천문학자 에드윈 허블은 천체 망원경을 이용하여 우리은하 밖에 있는 외부 은하들에서 오는 빛의 스펙트럼을 조사하고 있었어. 빛을 프리즘에 통과시키면 파장에 따라 마치 무지개처럼 색들이 분리되어 나타나는데, 이것을 빛의 스펙트럼이라고 해.

그런데 은하들에서 오는 빛은 모두 스펙트럼이 적색 쪽으로 이동했지. 특히 멀리 있는 은하에서 오는 빛일수록 더욱 강하게 적색 쪽으로 이동했어. 도플러 효과에 의하면, 빛의 스펙트럼이 적색 쪽으로 이동하는 것은 그 빛이 멀어져 가는 것을 뜻해.

허블은 그 스펙트럼이 적색 이동을 어느 정도 했는지 알아내어 그 은하들이 멀어지는 속도를 계산했어. 그 은하들과 지구 사이의 거리를 계산하여 그래프로 나타냈지. ==허블은 이러한 관측 자료를 통해 외부 은하가 지구에서 멀수록 빠른 속도로 멀어진다는 법칙을 발표했어. 허블의 법칙이라고 불리는 이 법칙은 우주가 팽창하고 있음을 알려 줘.==

허블의 법칙이 발표되기 10여 년 전에 이미 천문학자 2명이 아인슈타인의 일반 상대성 이론을 이용한 수학 계산을 통해 우주가 팽창한다는 걸 알아냈어. 하지만 이것을 증명할 수가 없었지. 허블은 관측을 통해 우주의 팽창을 증명한 거야.

> 53 칼 앤더슨의 양전자 발견

양전하를 띤 전자를 발견하다

1927년, 영국의 물리학자 폴 디랙은 전자를 다루는 방정식인 디랙 방정식을 만들었어. 놀랍게도 이 방정식에는 답이 두 개 있었지. 디랙은 이 방정식을 통해 전자와 질량 및 성질이 같으면서 전하가 반대인 새로운 입자가 있다고 예측했어. 음전하가 아닌 양전하를 가진 전자가 있다고 생각한 거야.

1932년, 미국의 물리학자 앤더슨은 우주에서 지구로 오는 방사선과 입자들을 관측하다가 디랙이 예측했던 입자를 발견했어. 앤더슨은 이 입자를 양전자라 이름 지었지. ==양전자는 전자와 질량 및 성질이 모두 같지만 반대 전하를 갖고 있고, 전자를 만나면 전자와 함께 없어져.== 그 과정에서 전자와 양전자의 질량이 에너지로 바뀌어 각각 에너지를 내놓는데, 지구에 전자가 많아서 양전자는 곧바로 전자와 만나 없어지므로 발견하기가 쉽지 않아.

==양전자와 같이 질량과 성질이 같으면서 서로 반대의 전하를 갖는 입자를 반입자라고 하고, 반입자로 구성된 물질을 반물질이라고 해.== 사실 반물질은 공상 과학 소설에서나 볼 수 있는 단어였는데 앤더슨이 인류 최초로 발견한 거야. 덕분에 지금은 반물질을 이용한 기기들이 사용되고 있어. 대표적인 것이 바로 우리 몸에 있는 암세포를 찾아 주는 의료 기기인 PET-CT(양전자 방출 단층 촬영 스캐너)야.

54 채드윅의 중성자 발견

원자핵에는 양성자 외에 다른 입자가 있다

    원자핵을 발견한 러더퍼드는 여러 원자의 원자핵 질량을 조사했어. 원자핵의 질량이 원자핵을 구성하는 양성자 질량의 두 배나 되었지. 그는 원자핵 안에 양성자 외에 전하를 띠지 않는 입자가 양성자 수만큼 있다고 생각했어. 러더퍼드는 그 입자를 양성자와 전자가 결합한 입자로 보았지.

    1932년, 영국의 물리학자 제임스 채드윅은 베릴륨이라는 금속으로 만든 아주 얇은 판에 알파선을 충돌시키는 실험을 했는데, 전하를 띠지 않는 입자가 튀어나왔어. 채드윅은 이 입자를 러더퍼드가 예측했던 그 입자라고 생각했어. 과학자들은 이 입자의 질량을 알아냈는데, 양성자와 전자가 결합한 것보다 질량이 무거웠지. 이 입자는 양성자와 전자가 결합한 입자가 아닌 전혀 새로운 입자임이 밝혀졌고, 중성자라 불렸어.

    그 후 중성자는 과학자들에게 아주 중요한 실험 도구가 되었어. 중성자를 여러 물질에 충돌시키는 실험을 했지. 그런데 우라늄 같은 방사능 물질은 중성자와 충돌하면 다른 물질로 변하면서 많은 에너지를 내놓았어. 중성자가 우라늄 핵을 두 개로 쪼개어 핵분열 현상이 일어난 거야. 이런 연구 덕분에 과학자들은 원자 폭탄과 원자력 발전소를 만들 수 있었어.

55 DNA가 유전 물질임을 밝힌 에이버리

유전 물질의 정체가 드러나다

　1928년, 영국의 과학자 프레더릭 그리피스는 폐렴 예방 백신을 만들기 위해 폐렴을 일으키는 S형 폐렴균과 폐렴을 일으키지 않는 R형 폐렴균을 연구했어. 그는 가열하여 죽인 S형 폐렴균을 쥐들에게 주사했는데, 그 쥐들은 폐렴에 걸리지 않았지. 그다음에 가열하여 죽인 S형 폐렴균과 R형 폐렴균을 섞어 쥐들에게 주사했어. 예상과 달리 쥐들은 폐렴에 걸렸고, 그 쥐들의 몸속에서 살아있는 S형 폐렴균이 발견되었지. 그리피스는 가열하여 죽인 S형 폐렴균에서 나온 유전 물질을 받아들인 R형 폐렴균이 S형 폐렴균으로 바뀌었다고 생각했어.

　미국의 생물학자 오즈월드 에이버리가 이끄는 연구팀은 이 실험 결과에 관심을 가졌지. 1930년대에 걸쳐 R형 폐렴균을 S형 폐렴균으로 바꾼 유전 물질이 무엇인지 알아내기 위해 노력했어.

　에이버리 연구팀은 열을 가해 죽인 S형 폐렴균을 분해하여 얻은 액체가 R형 폐렴균을 S형 폐렴균으로 바꾼다는 사실을 확인했어. 그 액체에서 탄수화물, 단백질, DNA 등의 물질을 분리하고, 각 물질을 R형 폐렴균에 집어넣었지. 그 결과 탄수화물이나 단백질은 R형 폐렴균을 S형 폐렴균으로 바꾸지 않았어. 그런데 DNA는 R형 폐렴균을 S형 폐렴균으로 바꾸었지. 결국 DNA가 유전 물질이라는 사실이 밝혀진 거야.

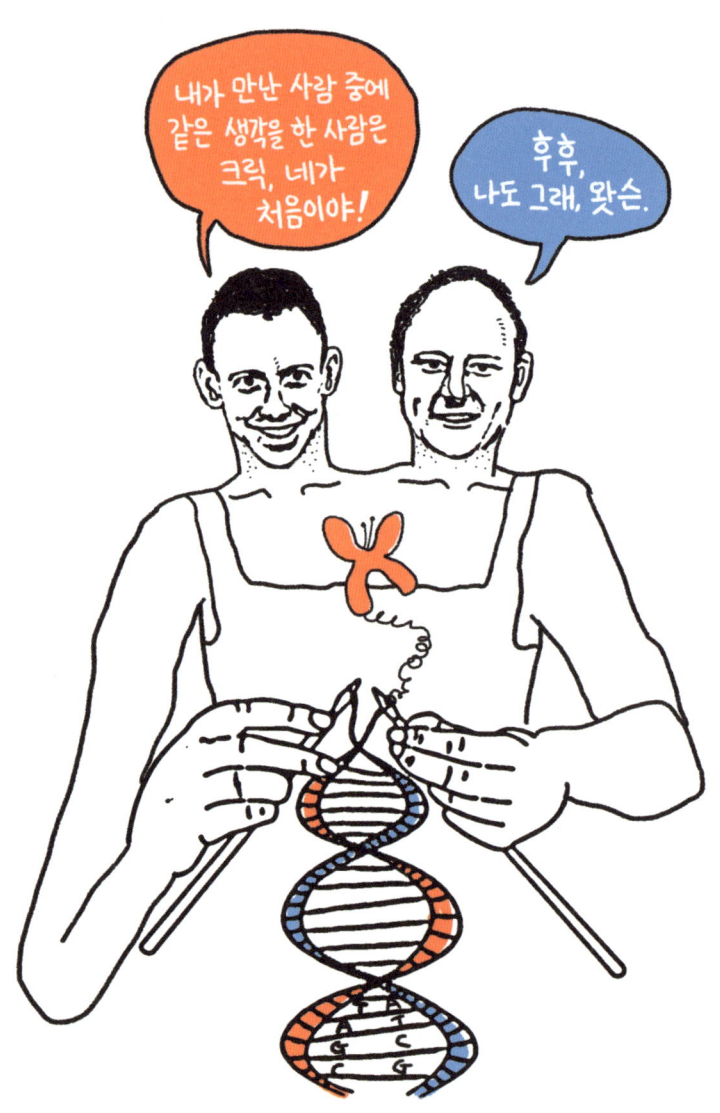

56 왓슨과 크릭의 DNA 이중 나선 구조 발견

드디어 DNA의 구조를 밝혀내다

DNA가 유전 물질이라는 사실이 밝혀진 후, 많은 과학자가 DNA의 구조를 알아내기 위해 노력했어. 오스트리아의 생화학자 어윈 샤가프는 DNA가 4가지 염기 아데닌(A)과 구아닌(G), 시토신(C)과 티민(T)이 길게 배열한 상당히 복잡한 구조의 분자라는 걸 알아냈어. DNA 4가지 염기의 양을 알아냈는데, 놀랍게도 아데닌과 티민의 양이 같았고, 시토신과 구아닌의 양이 같았어.

1953년, 드디어 미국의 생물학자 제임스 왓슨과 영국의 생물학자 프란시스 크릭은 함께 DNA 구조를 알아냈어. ==DNA의 분자 구조는 디옥시리보오스라는 당과 인산이 길게 결합하여 서로 마주 보는 이중 나선 모양을 이루고, 이중 나선 사이에 아데닌과 티민, 구아닌, 시토신 4가지 염기가 배열되어 있었어.== 아데닌과 티민의 양이 같고 시토신과 구아닌의 양이 같다는 샤가프의 연구 결과에서 힌트를 얻어 아데닌은 티민과 결합하고, 시토신은 구아닌과 결합하는 구조라는 걸 밝혀냈어. 왓슨과 크릭의 DNA 구조 발견은 유전학의 엄청난 혁명이었어.

그 후 유전에 관한 생명의 신비를 풀기 위한 연구가 본격적으로 시작되었지. 부모의 유전자가 자손에게 유전되는 방법과 우리 몸에서 유전자가 하는 역할이 점차 밝혀졌어.

57 | 빅뱅 이론을 뒷받침하는 우주 배경 복사의 발견

빅뱅의 흔적을 발견하다

1964년, 미국 벨 연구소의 펜지어스와 윌슨은 전파 망원경으로 통신 위성을 추적하던 중에 하늘의 모든 방향에서 같은 세기로 오는 전파 잡음을 발견했어. 이는 태양계 바깥에서 왔으며 우주에 골고루 퍼져 있었지. 과학자들은 이 전파 잡음이 빅뱅 때 있었던 뜨거운 빛이 식어서 파장이 긴 전파로 바뀐 것이라고 주장했어. 전파 잡음의 발견으로 빅뱅 이론은 우주 탄생을 설명하는 가장 유력한 이론이 되었지.

빅뱅은 대폭발을 뜻하는 말로, 137억 년 전에 대폭발이 일어나 현재의 우주가 탄생했다는 이론이야. 이론은 1917년, 네덜란드의 천문학자 드 지터가 우주의 구조와 관련된 방정식을 풀다가 우주의 팽창을 암시하는 해답을 얻으면서 시작돼. 1927년에는 벨기에의 물리학자 르메트르가 처음으로 빅뱅 이론을 주장하지. 우주가 팽창하고 있다면 과거로 갈수록 우주가 작아져 결국 한 점에 모이고, 한 점에 모인 우주가 빅뱅을 일으켜서 팽창한다는 거지.

1946년, 러시아의 이론 물리학자 가모프는 빅뱅 초기 우주에는 파장이 짧은 뜨거운 빛이 가득 찼는데, 우주가 팽창하여 그 빛이 우주 공간을 계속 여행했다면 식어서 파장이 늘어난 전파로 바뀌었고, 그 전파를 발견할 수 있다고 예측했지. 펜지어스와 윌슨은 바로 그 전파, 우주 배경 복사를 발견한 거야.

58 | 양성자와 중성자의 구성 입자인 쿼크 발견

자연을 이루는 가장 작은 입자를 발견하다

1960년대 초, 물리학자들은 양성자나 중성자는 더 작은 입자로 쪼갤 수 있다고 생각하기 시작했어. 1964년, 미국의 물리학자 머리 겔만은 양성자와 중성자를 구성하는 새로운 입자를 예측했지. 그는 그 입자를 쿼크라 이름 짓고, 세 가지 쿼크가 양성자와 중성자를 만든다고 주장했어.

1968년, 미국 MIT 대학과 스탠퍼드 대학의 물리학자 세 명이 실험을 통해 양성자가 세 개의 입자로 이루어졌다고 발표했어. 과학자들은 쿼크가 실제로 있다고 생각하기 시작했고, 결국 쿼크는 양성자와 중성자를 이루는 기본 입자로 인정을 받아.

==양성자와 중성자는 각각 세 가지 쿼크가 모여서 만들어져.== 이 쿼크들이 하나의 양성자를 만들려면 서로를 끌어당기는 아주 강력한 힘이 필요한데, 이것을 강한 핵력이라 불러. 그 후에 양성자와 중성자를 만드는 세 가지 쿼크 외에 다른 입자들을 만드는 다른 세 가지 쿼크가 추가로 발견되었어.

==쿼크는 더 이상 쪼갤 수 없는 입자야. 쿼크 외에도 전자 등과 같이 질량이 작은 입자들도 더 이상 쪼갤 수 없지.== 이런 입자들은 전자, 뮤온, 중성 미자 등 모두 여섯 가지가 있어. 이 여섯 가지 입자와 여섯 가지 쿼크가 자연을 이루는 가장 작은 입자야.

59 블랙홀 발견

빛조차 빠져나올 수 없는 블랙홀을 발견하다

1971년, 세계 최초의 X선 관측 위성인 우후루는 지구로부터 6,070광년 떨어진 백조자리에서 강한 X선을 방출하는 천체를 발견했어. 과학자들은 그동안 생각 속에서만 존재하던 블랙홀을 실제로 발견했다며 흥분했지. 블랙홀은 모든 질량이 중심에 모여 중력이 매우 강한 천체로, 강한 중력 때문에 빛조차 빨아들이고 내보내지 않아.

블랙홀은 1916년에 독일의 수학자 카를 슈바르츠실트가 아인슈타인의 일반 상대성 이론을 이용하여 별의 중력을 계산하면서부터 시작돼. 별의 질량이 아주 좁은 곳에 모이면 중력이 강해서 빛조차 탈출할 수 없다는 답을 내놓지. 하지만 당시 과학자들은 빛조차 빠져나올 수 없는 천체가 실제로 있을 수 없다고 생각했어.

연구가 계속되면서 1960년대부터 과학자들은 빛조차 빠져나올 수 없는 천체가 있을 수 있다고 믿게 되었어. 그런 천체에 블랙홀이란 이름을 붙였어.

빛을 내보내지 않는 블랙홀을 어떻게 관측할 수 있을까? 블랙홀은 강한 중력으로 가까이 있는 별의 가스를 끌어와. 끌려온 가스는 블랙홀 주위를 회전하면서 가스끼리 마찰을 통해 가열되지. 그래서 수백만 도의 고온이 되어 X선 등의 빛을 방출해. X선 관측 위성 우후루가 그 X선을 관측한 거야.

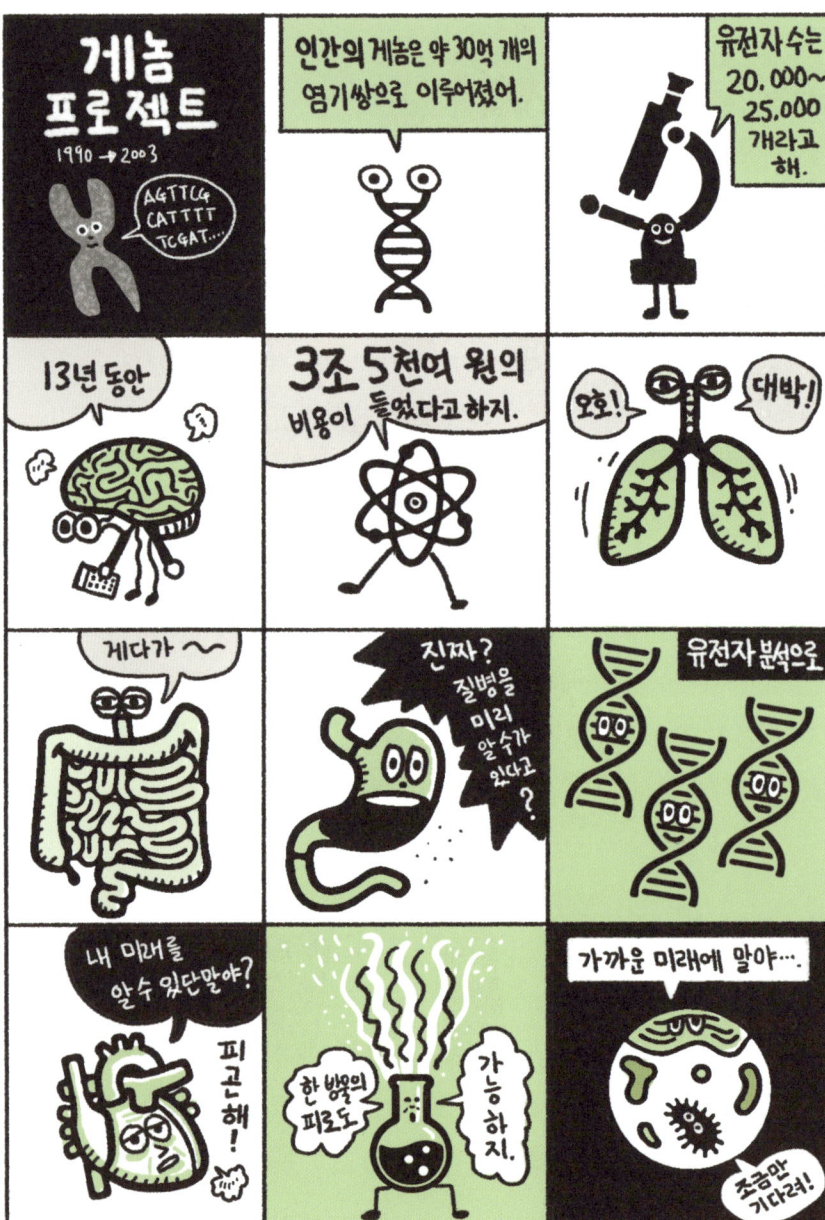

60 인간 게놈 프로젝트

인간의 유전 정보를 밝혀내다

2003년, 인간 게놈의 모든 염기 배열 정보가 밝혀졌어. 1990년부터 시작된 인간 게놈 프로젝트 덕분이지. ==게놈은 하나의 세포에 있는 DNA의 염기 배열 전체를 뜻하는데, 이 염기 배열에 인간의 모든 유전 정보가 들어 있어.== 인간 게놈 프로젝트는 미국이 시작하여 세계 각국의 연구소와 대학 등이 참여했는데, 13년간 약 3조 5천억 원의 비용이 들었다고 해.

인간의 게놈은 약 30억 개의 염기쌍으로 이루어졌어. 염기쌍을 한 개의 문자라고 한다면, A4용지 1장당 1,000문자를 채운다고 가정했을 때 A4용지가 300m나 쌓이는 어마어마한 양이야. 이 많은 정보를 다 알아내는 건 엄청난 시간과 인력이 들어가는 매우 어려운 일이지. 그런데 인간의 게놈 모두가 유전 정보를 갖는 건 아니야. ==DNA의 염기 배열 전체에서 유전 정보가 위치한 부위가 따로 있는데, 이 부위를 유전자라고 하지.== 인간 게놈에 있는 유전자 수는 20,000~25,000개라고 해.

인간 게놈의 유전자 정보가 다 밝혀지면서 과학자들은 어느 유전자가 어떤 신체 특징과 관련 있는지 밝혀내고 있어. 유전자 분석을 통해 일부 질병의 발생 가능성을 예측할 수 있고, 사람마다 다른 약의 부작용도 미리 알아낼 수 있지. 정말 놀라운 일이야.

에필로그

　옛날 사람들은 태양이 지구 주위를 돈다고 생각했어. 태양이 아침에 동쪽에서 떠서 저녁에 서쪽으로 지는 걸 보면 당연히 그렇게 생각할 수밖에 없었지. 하지만 세상을 과학의 눈으로 보기 시작하자 그 생각으로는 설명할 수 없는 현상들이 하나둘 발견되었어. 사람들은 그 현상들을 설명하기 위해 노력했지. 하지만 태양이 지구 주위를 돈다는 생각에서 벗어나지 못하면 그 설명은 계속 꼬이게 돼. 그러면서 궁금증은 점점 늘어 갔지.

　궁금증이 쌓이면서 전혀 다르게 생각하는 사람이 나타났어. 바로 코페르니쿠스였지. 그는 지구가 태양 주위를 돈다고 주장했어. 태양이 지구 주위를 돈다는 생각의 틀을 완전히 바꾼 거야. 그랬더니 그동안 설명하지 못했던 현상들을 설명할 수 있었지. ==이같이 과학사에서 생각의 틀을 완전히 바꾼 사건을 패러다임을 바꾸었다고 해.== 과학사에서 아주 유명한 책인 토머스 쿤의 《과학 혁명의 구조》에서 나온 말이야.

　과학사라는 나무에서는 패러다임을 바꾼 발견이나 이론이 큰 줄기를 이루어 왔어. 패러다임을 바꾼 발견이나 이론이 새로 나오면, 과학자들은 그것에 틀린 부분이 있는지 연구해. 그 발견이나 이론으로 설명할 수 있는 현상들과 그렇지 못한 현상들을 찾아내.

마치 큰 줄기에서 뻗어 나온 잔가지처럼 말이야. ==패러다임을 바꾼 발견이나 이론으로도 설명할 수 없는 현상들이 점점 많아지면, 다시 패러다임을 바꾸는 새로운 발견이나 이론이 나오게 돼. 그러면서 과학은 발전해 왔어.==

과학사를 살펴보면, 처음에는 보통 사람들도 쉽게 이해할 수 있는 과학 이론이나 발견이 패러다임을 바꾸었어. 그래서 그 패러다임에 쉽게 접근할 수 있었지. 하지만 과학이 발달하면서 패러다임을 바꾼 과학 이론은 복잡해지고 새로운 발견도 점점 이해하기 힘들어졌어. 그러면서 우리는 그 패러다임에 점점 다가가기 힘들어졌지.

==이 책에서 소개한 과학사의 60가지 장면은 패러다임을 바꾼 중요한 사건이야.== 그 내용만 알아도 과학이 어떻게 발전해 왔는지 이해할 수 있어. 뒤로 갈수록 내용이 점점 어려워져서 받아들이기 힘들 수도 있지. 하지만 과학사를 알려면 아무리 어려워도 패러다임을 바꾼 과학 사건에 눈 감아 버릴 수는 없어.

이 책을 통해 많은 어린이가 과학의 눈으로 세상을 바라보는 힘을 기르고, 미래에 훌륭한 과학자가 되어 과학사의 패러다임을 바꾸는 주인공이 되었으면 좋겠어.

참고 도서

김성근 지음, 《교양으로 읽는 서양 과학사》, 안티쿠스, 2009

폴 파슨스 지음, 김지원 옮김, 《과학 100》, 청아출판사, 2016

윌리엄 바이넘 지음, 차승은 옮김, 《창의적인 삶을 위한 과학의 역사》, 에코리브르, 2016

존 그리빈·메리 그리빈 지음, 《세상을 바꾼 위대한 과학실험 100》, 예문아카이브, 2017

핼 헬먼 지음, 이충호 옮김, 《과학사 대논쟁 10가지》, 가람기획, 2019

권은아 지음, 《미스테리 과학 카페》, 북트리거, 2019

로널드 L. 넘버스, 코스타스 캄푸러키스 엮음, 김무준 옮김, 《통념과 상식을 거스르는 과학사》, 글항아리사이언스, 2019

권경숙 지음, 신나라 그림, 《궁금했어, 과학사》, 나무생각, 2020

정인경 지음, 《모든 이의 과학사 강의》, 여문책, 2020

고야마 게타 지음, 김진희 옮김, 《연표로 보는 과학사 400년》, AK커뮤니케이션즈, 2020

곽영직 지음, 《인류 문명과 함께 보는 과학의 역사》, 세창출판사, 2020

존 그리빈 지음, 권루시안 옮김, 《과학을 만든 사람들》, 진선출판사, 2021

과학 잡지 〈뉴턴〉(2008. 3.)

과학 잡지 〈뉴턴〉(2012. 3, 4, 7, 12.)

과학 잡지 〈뉴턴〉(2013. 1, 2, 4, 7, 12.)

과학 잡지 〈뉴턴〉(2013. 6, 11.)

과학 잡지 〈뉴턴〉(2014. 2, 7, 9, 11, 12.)

과학 잡지 〈뉴턴〉(2015. 1, 4, 5, 9.)

과학 잡지 〈뉴턴〉(2016. 4, 7.)

과학 잡지 〈뉴턴〉(2017. 2, 5.)

한 컷이라는 콘셉트의 힘

① 한 컷 쏙 과학사
글 윤상석 | 그림 박정섭 | 감수 정인경

② 한 컷 쏙 수학사
글 윤상석 | 그림 박정섭 | 감수 이창희

③ 한 컷 쏙 한국사
글 윤상석 | 그림 박정섭 | 감수 기경량

④ 한 컷 쏙 세계사
글 윤상석 | 그림 박정섭 | 감수 김경현

⑤ 한 컷 쏙 생활사
글 윤상석 | 그림 박정섭 | 감수 정연식

⑥ 한 컷 쏙 발명·발견사
글 윤상석 | 그림 박정섭 | 감수 이상원

⑦ 한 컷 쏙 경제사
글 윤상석 | 그림 박정섭 | 감수 송병건

⑧ 한 컷 쏙 예술사 (근간)